Mme TOUSSAINT-SAMSON

UNE PARISIENNE

AU

BRÉSIL

Avec photographies originales

PARIS

PAUL OLLENDORFF, Éditeur

28 bis, rue de Richelieu, 28

1883

Tous droits réservés

UNE PARISIENNE

AU

BRÉSIL

DU MÊME AUTEUR :

ÉPAVES, poésies, 1 vol. Prix. . . . . 2 »

LES CHEMINS DE LA VIE, ouvrage couronné par l'Académie française. 1 vol. Prix. 2 50

En vente chez tous les libraires.

Pour paraître prochainement :

SOMBRES JOURS! poésie

L'ALBUM DE MA TANTE, photographies parisiennes

Mme TOUSSAINT-SAMSON

UNE PARISIENNE

AU

BRÉSIL

Avec photographies originales

PARIS
PAUL OLLENDORFF, Éditeur
28 bis, rue de Richelieu, 28 bis
—
1883
Tous droits réservés

A Monsieur Louis JACOLLIOT.

Tandis que vous êtes à rêver au bord de la mer ou dans votre charmante habitation indienne, oublieux de Paris et des Parisiens, moi, mon cher ami, je pense souvent à l'infatigable voyageur, à l'admirateur passionné de l'Inde, dont les récits ont eu tant de succès et m'ont tenue sous le charme pendant des soirées entières ; et c'est pour lui donner une preuve de ma profonde sympathie que je le prie d'accepter la dédicace de ce petit volume, qu'il m'a souvent pressée de terminer.

Puisse-t-il, en le lisant, ne pas trop se repentir de son imprudent conseil !

AD. TOUSSAINT-SAMSON.

AVANT-PROPOS.

S'il vous a jamais été donné, lecteur, d'être une fois en votre vie à la poursuite d'un éditeur, votre sympathie m'est assurément acquise, et je puis commencer l'historique de ce livre.

Lorsque je revins du Brésil, il y a quelques années, rapportant sur ce pays et ses habitants des notes récoltées pendant mon long séjour à Rio-de-Janeiro, qui, à défaut d'autre mérite, avaient du moins celui de la plus scrupuleuse véracité, et auxquelles étaient jointes les photographies des principales églises et places de la capitale du Brésil, ainsi que des types d'Indiens, de mulâtres et de nègres, pris sur le vif, je m'imaginai que tout cela pouvait offrir quelque intérêt à mes compatriotes et que je trouverais facilement à l'éditer. J'avais complètement oublié les us et coutumes de mon pays natal, comme vous allez bien le voir.

J'écrivis d'abord au rédacteur en chef d'un de nos principaux journaux illustrés, pour qui je n'étais pas la première venue, en lui offrant mes Etudes sur le Brésil. Sa réponse ne se fit pas attendre : « Il ne fallait pas prendre la peine de lui envoyer mon manuscrit, me disait-il, parce qu'il possédait tant de documents sur l'Amérique du Sud, et avait déjà publié tant de choses sur le Brésil, que la matière lui semblait épuisée. »

J'avais heureusement toute la collection du journal jusqu'à ce jour. Je sautai avidement sur la Table, au mot : *Brésil*, qui me renvoya à *trois articles* de vingt à trente lignes chacun, traitant du sujet en question. Le premier donnait la date de la découverte de l'Amérique, ainsi que le nom des premiers navigateurs qui prirent possession du Brésil. C'était déjà bien piquant, vous en conviendrez, et tout à fait nouveau, surtout !

Dans le second article, qui affichait la prétention d'être une étude de mœurs sur l'Amérique du Sud, l'auteur, qui avait puisé ses documents dans des récits de voyageurs enterrés depuis un demi-siècle, m'apprenait à moi, qui avais habité douze ans ce pays, une chose que j'ignorais totalement, c'est-à-dire que les habitants de Rio-de-Janeiro n'allaient faire leurs visites qu'en habit à la française, en culotte courte et le tricorne sous le bras. Ceux de l'intérieur, selon lui, ne sortaient, pour aller à l'église, que sur de grands chars à deux roues de bois, et la gravure qui accompagnait le texte représentait, en effet, le susdit char surmonté d'une espèce de dais, sous lequel des femmes, vêtues en Espagnoles, étaient assises, les jambes pendantes, tandis que des nègres, vêtus aussi dans le genre des guérillas, menaient l'attelage de bœufs ; toute cette scène se passait dans un paysage nu et aride, où l'on ne voyait que rochers et sable. Or, au Brésil, les rochers mêmes sont couverts de la plus luxuriante végétation, les murs des habitations et les toits sont chargés de plantes parasites. Tout cela était donc absolument fantaisiste. S'il y avait jamais eu quelque chose de vrai dans le costume des Brésiliens qu'on dépeignait, cela pouvait remonter à une soixantaine d'années pour le moins. Cependant, il paraît que ces renseignements pleins de fraîcheur suffisaient amplement à l'abonné parisien, qui s'en montrait absolument satisfait.

Voyant cela, je dus m'incliner et m'adresser à une autre feuille illustrée, dans laquelle j'avais déjà publié plusieurs choses. Ce fut bien une autre affaire !

— Y a-t-il des tigres, des serpents, des missionnaires mangés par les sauvages dans ce que vous m'apportez ? Telle fut la première question du directeur.

— Mon Dieu ! non, répondis-je humblement ; je viens vous proposer une étude sur les mœurs et coutumes d'un pays que j'ai habité douze ans ; je dis ce que j'ai vu et n'invente rien.

— Tant pis ! reprit-il, inutile alors de me laisser votre manuscrit. Nous avons publié dernièrement une nouvelle dont la scène se passait au Brésil, et qui a eu beaucoup de succès : onces, jaguars, serpents boas, et sauvages, rien n'y manquait : c'était très émouvant.

— Je n'en doute pas ; mais, sans doute, l'auteur avait voyagé dans l'intérieur et exploré tout le pays?

— Pas le moins du monde, continua en riant le directeur du journal. L'auteur, c'était moi. Je m'étais aidé de quelques récits plus ou moins vrais sur l'Amérique, et j'y avais cousu ma fable. Ce qu'il faut, avant tout, c'est amuser le lecteur.

— Mais ne peut-on espérer de l'intéresser, du moins, avec une peinture vraie?

— Non, il lui faut avant tout des émotions.

— Servez-lui donc des tigres; quant à moi, je suis désolée de n'en avoir pas le plus petit à vous offrir. Et là-dessus, je partis, remportant, pour la seconde fois, mon manuscrit vierge de toute lecture.

« Puisque les journaux refusent mes Souvenirs du Brésil, pensais-je, il me les faut offrir au public sous forme de livre. »

Je pris donc mon courage un jour, et allai trouver un éditeur. Comme j'ouvrais la bouche pour lui expliquer un peu ce que je lui apportais.

— Avant tout, me dit-il, combien de pages cela fera-t-il?

— Deux cent cinquante, à peu près, je crois.

— Comment! vous croyez? Vous n'en êtes pas sûre... C'est bien peu, cela, madame, dit-il d'un ton doctoral; même avec les gravures, c'est bien peu; il nous faudrait une centaine de pages en plus.

— C'est que je craindrais d'ajouter peut-être quelques détails oiseux. J'ai choisi dans mes souvenirs ce que je croyais intéressant.

— N'importe! ne pouvez-vous broder?

— Je ne veux pas broder.

— Alors délayez la matière, délayez.

— Je désire encore moins délayer, ayant toujours pensé qu'un des principaux mérites du style était la concision.

— Il s'agit bien de cela, vraiment!... On voit que vous n'êtes plus dans le courant, madame. Voici de quelle façon travaillent tous nos auteurs à la mode, aujourd'hui. Ils savent qu'un volume se compose généralement de 300 pages pour le moins, de 24 lignes chacune. Que font-ils? Ils commencent par couper ce nombre de pages rayées de 24 lignes, dont chacune doit donner tant de mots; puis, chaque jour, ils s'imposent la tâche d'en remplir qui, quinze, qui, vingt pages, selon leur plus ou moins de facilité dans le travail ; si leur sujet comporte plus, ils le rognent ; s'il comporte moins, ils l'étirent, et c'est ainsi, madame, qu'ils peuvent arriver au jour et à l'heure, ne donnant à leurs éditeurs ni un mot de plus ni un de moins que ce qui a été stipulé.

— Vous m'ouvrez de nouveaux horizons, monsieur ; tout cela me paraît on ne peut mieux.

— N'est-il pas vrai ? nous vivons dans un siècle pratique... Et votre titre ?

— Mon Dieu ! monsieur, je ne sais encore ; j'avais pris tout bonnement : *Souvenirs du Brésil par une Parisienne.*

— Impossible ! madame, impossible ! Qui est-ce qui lirait cela ?... Le titre, c'est tout ! Que diriez-vous de : *Un drame dans les forêts vierges ?*

— Mais, monsieur, je dirais que mon ouvrage ne renferme pas, par malheur, le plus petit drame dans les forêts vierges.

— Ce n'est pas une raison ; le titre, madame, le titre, tout est là ! Apportez-moi 300 pages et un bon titre, et alors nous nous arrangerons sans que j'aie besoin de lire votre manuscrit ; pensez-y.

— J'y penserai certainement. Vous ne voulez que 300 pages et un titre ; c'est bien cela, n'est-ce pas ? Au revoir, monsieur.

Un second éditeur me montra une montagne de manuscrits accumulés dans une grande chambre :

— J'ai tout cela à lire avant de m'occuper de vous, me dit-il ; repassez dans un an.

Enfin, un troisième, auquel on m'avait recommandée chaudement, se *décida* à confier mon manuscrit à l'un de ses examinateurs, lequel déclara dans son rapport que mon ouvrage ne pouvait convenir au genre de publication de la maison, mais que le style en était *aimable*. J'étais femme, on ne pouvait m'accorder davantage ; c'était déjà beaucoup d'honneur qu'on me faisait.

Je repassai alors dans ma pensée tout ce qui m'avait été dit : l'un trouvait les Brésiliens de 1809 pleins d'actualité ; l'autre demandait des tigres et des anthropophages ; le troisième ne désirait qu'un titre et des pages ; le quatrième me remettait aux calendes grecques, et, enfin, le dernier, le seul qui m'eût lue, baptisait mon style *d'aimable.* C'était la première fois que cette épithète lui était accordée. Jusque-là, on lui avait reconnu, au contraire, des qualités et des défauts tout opposés. Que faire donc ? Renoncer à faire paraître mes Etudes sur le Brésil, puisque mes compatriotes ne voulaient absolument pas de la vérité *vraie*, et que je ne voulais pas, moi, me moquer d'eux.

— Serrons tout cela dans mon bureau, me dis-je, et n'en parlons plus.

Cependant, sur ces entrefaites, l'empereur du Brésil étant venu à Paris, je voulus prouver à quel point tout ce que j'avais écrit était vrai, puisque je ne craignais pas de le publier au moment même où Dom Pedro II se trouvait parmi nous. J'écrivis donc à Villemessant pour lui demander s'il voulait publier, dans le *Figaro*, un fragment de mes souvenirs qui avait trait à l'empereur et à toute sa famille. Il trouva que ce serait tout à fait d'actualité, et me donna l'hospitalité dans son journal, comme il l'avait fait, du reste, plusieurs fois, en me rétribuant très largement. Mais alors, voilà bien une autre histoire !

Toute la colonie brésilienne résidant à Paris s'émeut et déclare qu'elle ne trouve pas du tout mon style *aimable*, elle ! J'ai dit que la race brésilienne était abâtardie : c'est monstrueux ! Il paraît qu'au contraire elle peut lutter, comme force et comme grandeur, avec les peuples les plus robustes du Nord. J'ai prétendu que le Brésilien était indolent ; rien n'est plus faux : on m'assure qu'il est plein d'énergie. J'ai annoncé qu'il était orgueilleux : un tolle général s'élève contre cette affirmation, et tous les journaux de Rio-de-Janeiro me mettent à l'index. On en appelle à l'empereur, qui, étant le plus libéral de tous ses sujets, ne trouve pas qu'il y ait lieu à s'émouvoir, car, ajoute-t-il, les peuples, de même que les individus, ne se peuvent juger eux-mêmes.

En somme, j'ai dit le bien comme le mal sur un peuple qui m'est sympathique, et n'ai voulu surtout rien exagérer.

Quand on représente un Brésilien chez nous, on a l'habitude d'en faire un peau-rouge, de lui mettre des bijoux à tous les doigts, et de lui donner des allures de sauvage ou de singe. J'ai voulu qu'il fût mieux connu ; je l'ai montré ce qu'il est : intelligent, hospitalier, très bon dans sa famille, et ayant progressé en vingt ans plus qu'aucun autre peuple en un demi-siècle. Qu'il me permette donc de lui dire ses défauts comme ses qualités, afin que l'impartialité apportée dans mon jugement donne à ce jugement toute sa valeur. Qu'il sache entendre la vérité, c'est le signe de la force morale.

Et maintenant, que dois-je penser de mon style ? Est-il vraiment aussi *aimable* que l'a dit ce monsieur, ou ne l'est-il pas absolument, comme le prétendent les Brésiliens? C'est au public à m'en dire son avis, et à juger, en dernier ressort, si j'ai eu raison de tirer ce livre du fond de mon bureau, où je l'avais relégué, et d'espérer que ces Esquisses sur les mœurs brésiliennes, absolument vraies, pourront avoir quelque intérêt pour mes compatriotes. Je le souhaite, et demande aussi aux Brésiliens de les bien accueillir ; car, quoiqu'ils en puissent penser, elles ont été écrites par une plume impartiale, mais amie.

Ad. Toussaint.

LA VIE DE BORD

PREMIÈRE PARTIE

Le clipper « la Normandie ». — Adieux à la France. — Première nuit à bord. — Les passagers et les passagères. — Le pot au noir. — Arrivée au Brésil. — La baie de Rio-de-Janeiro. — Les négresses *minas*. — Le marché.

Nous avions un oncle *en* Amérique, et non *d*'Amérique, ce qui change bien la thèse ; cependant ce brave oncle ayant fait une assez jolie fortune au Brésil, nous eûmes l'idée de tenter comme lui l'aventure. En dix ans, nous disait-on, nous devions être riches. Dix ans d'exil, c'était bien quelque chose, mais le pays était si beau, et nous reviendrions si jeunes encore !... Il y eut bien des hésitations de ma part, bien des pleurs versés ; puis, enfin, nous prîmes notre résolution, et, après avoir embrassé parents et amis, nous montâmes en wagon. Nous allions au Havre, où nous devions nous embarquer pour l'Amérique du Sud.

Lorsque, près d'arriver à la station du Havre, j'aperçus de loin tous ces hauts mâts, pressés les uns contre les autres, qui semblaient une forêt sur la mer, mon cœur se serra, et je compris par combien d'attaches je tenais à la patrie. Pourtant, le sort en était jeté : il fallait aller jusqu'au bout.

Le clipper, *la Normandie*, qui était en partance pour Rio-de-Janeiro, et sur lequel nos places étaient retenues, se balançait sur ses ancres comme un cheval qui piaffe avant de partir. C'était un fin navire, à l'immense voilure, qui devait fendre l'eau mieux que pas un. Mon mari me demanda si je désirais le visiter avant notre départ, qui était fixé au lendemain matin. J'y consentis et montai avec lui l'escalier-échelle que tous les navires posent à leurs flancs, quand ils sont en rade.

Sur la dunette, se tenaient les officiers du bord, qui vinrent nous saluer, et l'un d'eux s'offrit à nous faire visiter *la Normandie* dans tous ses détails.

En effet, il ne nous fit grâce de rien ; depuis la dunette, avec ses immenses cages à poules, pleines de volailles de toute espèce, jusqu'à l'avant du navire, où l'équipage dort au milieu de singes, de perroquets et d'oiseaux de toute espèce ; depuis l'office, avec ses longues files de tasses, de verres et d'assiettes, si bien aménagé, que le plus petit espace est utilisé ; jusqu'au roufle, jusqu'à l'entre-pont même, nous vîmes tout, et ce que je considérai le plus attentivement, ce fut la *chambre*, c'est-à-dire ce qui devait être désormais pour moi le salon, la salle à manger, le cabinet de travail.

Quant à notre cabine, lorsque je vis ces deux cadres superposés, dont un petit matelas de 60 centimètres de largeur, posé sur une planche entre deux autres planches, formait tout le coucher, je pensai qu'il devait être impossible d'y reposer jamais, et je ne me trompais guère. Une vache était installée dans un compartiment de l'avant, des moutons étaient déjà parqués dans la grande chaloupe de sauvetage placée sur le rouf; des gigots et des jambons pendaient aux cordages ; l'office et les armoires étaient bourrés de conserves de toute sorte. Les canots, amarrés aux deux côtés du navire, s'emplissaient de légumes et de fruits, que les paysans apportaient. Cela nous rassura toujours sur la question alimentaire.

Nous revînmes à l'hôtel en silence, si préoccupés de la grave résolution que nous avions prise, que nous n'osâmes pas échanger une parole à ce sujet, mon mari et moi. Ce qui me tourmentait le plus, c'était mon enfant ; car j'emmenais avec moi mon fils aîné, que je nourrissais encore, et je me demandais avec anxiété comment nourrice et nourrisson supporteraient un si long voyage. Je ne fermai pas l'œil de la nuit, et le lendemain, à huit heures du matin, nous nous rendions à bord de *la Normandie*.

Chaque voyageur arriva bientôt avec son bagage, qu'il fallait descendre à l'entrepont à l'aide d'un treuil. On faisait de l'eau, on embarquait du charbon, on recevait les provisions ; c'était un bruit, une confusion, un tohu-bohu impossible. Beaucoup d'amis ou de parents accompagnaient les voyageurs jusqu'à la dernière heure, de sorte qu'on n'entendait que ces mots : « Vous m'écrirez aussitôt votre arrivée ; — Donne moi ton adresse le plus vite possible ; — Ne m'oublie pas ! — Bon voyage ! — Revenez-nous riches ; — Que Dieu vous garde !... » Et pendant la demi-heure qui précéda le départ, ce ne furent qu'embrassements, pleurs, sanglots, mêlés aux cris des matelots, aux commandements des officiers, au grincement du treuil et au bruit sourd de la vague frappant les flancs du navire.

Cependant le sifflet du contre-maître avait retenti : c'était le signal du départ. Il fallut se séparer.

Les canots s'approchent, les amis se quittent, l'ancre est levée, la voile s'enfle. Adieu parents, amis, patrie !... les mouchoirs s'agitent quelque temps encore, puis la jetée disparaît dans la brume, et les côtes de France s'effacent à leur tour... Alors plus rien, rien que le ciel et l'eau à l'horizon.

Presque tous les passagers étaient restés sur le pont, les yeux humides, le cœur oppressé, perdus dans leurs pensées pour la plupart, tant que leur œil avait pu distinguer dans le brouillard une forme vague de la patrie. Mais tout à coup le temps se couvrit, le vent s'éleva, un *grain* s'annonçait, le roulis commença. Les visages pâlirent. Mon voisin de droite se pencha sur le bord du navire, pris de légers haut-le-corps ; ma voisine de gauche venait de descendre dans la chambre, se soutenant à peine ; un passager, roulé dans son manteau, était étendu sur la dunette comme une masse inerte ; un autre arpentait le pont avec rapidité ; un petit jeune homme affectait de fumer et de rire avec les officiers ; mais, hélas ! bientôt notre héros chancela, jeta son cigare, demanda un verre de madère, qu'il avala tout d'un trait en essayant de faire bonne contenance jusqu'à la fin. Peine inutile ! le madère alla rejoindre le cigare. C'est alors que le mousse commença à monter et à descendre sans arrêter : c'était significatif.

Il faut avoir le cœur solide pour résister à tout cela ; aussi ne luttais-je qu'en respirant à pleins poumons cet air vif de la mer qui me fouettait le visage. Mais le vent devenant par trop violent, force me fut bien de quitter le pont et de descendre dans la chambre, où un spectacle des plus pittoresques frappa mes regards. Des hommes étaient étendus sur les canapés du fond, les uns à moitié assoupis, d'autres se tenant la tête dans les deux mains, tandis que les plus courageux arpentaient la chambre à grands pas, poussés par le roulis tantôt à droite, tantôt à gauche. De chaque cabine sortaient, au milieu des hoquets et des plaintes, ces mots incessants : « Mousse ! mousse ! » et le pauvre enfant, ainsi appelé de tous côtés, se livrait à un va-et-vient de cuvettes qui, nous devons le dire, manquait totalement de poésie.

Au milieu de tout cela, l'heure du dîner avait sonné. Le capitaine prit place au haut bout de la table, le second au milieu, et le lieutenant au bas bout. Presque jamais de femmes à table, le premier jour de l'embarquement, quand il y a gros temps ; les unes sont très malades dans leurs cabines, et les plus vaillantes se font servir un bouillon ou une aile de poulet sur la dunette ; mais aucune ne saurait braver encore impunément les émanations méphitiques de la chambre. Je puis vous le dire, moi, qui ai fait cinq fois ce voyage.

Le dîner terminé et la nuit venue, il fallut bien se résigner à entrer enfin dans sa cabine, quoiqu'on en eût.

Dans le petit carré qui vous est assigné, et qui contient deux cadres, une commode-toilette et des porte-manteaux, quand vous êtes deux, vous ne pouvez plus ouvrir ni fermer la porte ; il faut donc s'arranger pour se lever et faire sa toilette l'un après l'autre. Sous le cadre du bas, vous devez avoir le soin de garder une petite caisse contenant le linge de corps nécessaire à votre traversée. Deux filets sont placés à la tête et au pied de chaque lit, et c'est là que vous entassez successivement votre sac de voyage, des fruits, votre lorgnette, les quelques livres qui seront vos compagnons de route, votre buvard, votre tapisserie (si vous êtes femme), votre boîte de cigares, au cas contraire. Cette installation faite, il vous faut, pour arriver à vous coucher dans le cadre supérieur, être passé maître en gymnastique, le tabouret sur lequel vous devez monter pour y arriver étant poussé par le roulis tantôt à gauche, tantôt à droite. Pourtant, après bien des essais, vous saisissez le bon moment, vous vous élancez, et vous voilà enfin couché entre deux planches qui vous brisent les côtes et se renvoient constamment votre pauvre corps comme une balle au jeu de paume.

En face de moi était un hublot par lequel je distinguais de hautes vagues entourant le navire de toute part, et un coin de ciel où couraient de sombres nuages. Je me sentais si petite devant cette vaste mer, si isolée au milieu de ce ciel et de cette eau, si *inconfortablement* installée, comme diraient nos voisins d'outre-Manche, que j'aurais voulu à tout prix échapper à la réalité par le sommeil. Aussi l'appelais-je à mon aide de toutes mes forces, et je commençais à en ressentir l'engourdissement précurseur, lorsque de nouveaux hoquets se firent entendre bientôt dans la cabine voisine de la nôtre, accompagnés des cris : « Maître d'hôtel ! un verre d'eau sucrée ! — Mousse ! la cuvette ! » qui se renouvelaient à chaque coup de roulis.

Un peu de calme finit cependant par succéder à tout ce fracas. Dix heures venaient de sonner. Tout était éteint. Le maître d'hôtel achevait d'installer son lit sur un des canapés de la chambre. Enfin, nous allons donc pouvoir dormir ! pensai-je. Fol espoir !... Un enfant poussa tout à coup des cris perçants, et un autre, placé vis-à-vis de nous, y répondit par d'autres cris non moins perçants. Le mien se mit de la partie. « Qu'est-ce que tu as, mon chéri ? — J'ai du *bobo*. — Bois un peu d'eau. — Non, je ne veux pas rester dans un lit qui remue ; moi, je veux dormir dans mon petit lit qui ne remue pas. — Pauvre mignon! mets tes petits bras autour de mon cou. — Maman, j'ai mal au cœur. »... Plus loin, c'était un poitrinaire qui se plaignait et toussait ; puis le maître d'hôtel, qui, fatigué de sa journée, ronflait à poings fermés, et toujours, comme accompagnement obligé de ce vacarme, le bruit sourd de la vague frappant les flancs du navire, les craquements du clipper, qui semblait prêt à s'entr'ouvrir, le roulis qui nous secouait incessamment, la vaisselle qui dansait dans l'office et le vent, qui soufflait bruyamment dans la voile. Enfin, de temps à autre, le bruit de la manœuvre et le chant monotone et strident des matelots, prenant des ris.

Tout cela, je vous le jure, peut donner, au malheureux passant une première nuit à bord, un avant-goût de l'enfer.

Heureusement, vers les trois heures du matin, succombant à la fatigue, nous perdîmes enfin conscience de tout ; un lourd sommeil allait réparer nos forces. Ah ! bien oui ! quatre heures sonnent ; aussitôt commence au-dessus de notre tête le plus horrible des charivaris. On gratte, on brosse, on piétine, des coups sourds nous éveillent en sursaut. Ne pouvant rien comprendre à tout ce bruit, nous nous hâtons de monter sur le pont, à moitié vêtus ; mais, à peine nous y sommes-nous hasardés, que nous recevons entre les jambes un énorme seau d'eau, qui nous donne aussitôt la clé de ce vacarme. Tous les matelots, jambes et pieds nus, sont en train de laver et de briqueter le pont et la dunette, et je puis vous affirmer qu'ils n'y vont pas de main morte, et que les seaux d'eau ne sont pas épargnés.

Espérant reprendre notre sommeil interrompu, nous regagnons cependant ce qui s'appelle notre lit. Mais, en bas, le même tintamarre ne tarde pas à se faire entendre. Le maître d'hôtel, aidé du mousse, lave et astique avec soin la chambre. Quand il a tout mis en état, rétabli les planches à roulis autour de la table, fait reluire les cuivres, et que tout brille à souhait, ce roi de la chambre agite gravement une sonnette, signal du premier repas. Il est sept heures.

A cet appel, les cabines s'entr'ouvrent une à une pour laisser passer des têtes plus ou moins ridicules dans leurs coiffures de nuit, dont quelques-unes même sont ornées du classique bonnet de coton. Les hommes se groupent autour de la table, prennent du café, du thé, les plus communs de la liqueur. Il est rare que, même pendant les plus beaux jours, les femmes apparaissent à ce premier déjeuner ; le maître-d'hôtel les sert dans leurs cabines. Chacun, après, s'occupe de son installation et de sa toilette ; et, lorsqu'à

2.

dix heures, le *vrai* déjeuner sonne, les portes se rouvrent de nouveau pour laisser passer, cette fois, des têtes soigneusement peignées et des mentons rasés de frais.

Voilà le moment où l'on va se trouver tous réunis pour la première fois, et savoir avec qui on voyage, car, la veille, on s'est à peine entrevu. Chacun se regarde en dessous et s'étudie avec soin.

Soyez sûrs, d'abord, que la dame placée à la droite du capitaine est celle que celui-ci considère comme la plus marquante de ses passagères, soit au point de vue de la beauté, soit à celui de l'argent ou de la position sociale. La dame placée à sa gauche devra naturellement succéder à l'autre, comme ayant droit aux attentions et aux petits soins. Après cela, les autres passagères se placent comme elles l'entendent. Cependant, généralement, les plus distinguées occupent le centre de la table, et les autres le bas bout.

Maintenant, je crois devoir vous donner un conseil, Mesdames : si jamais vous voyagez seules, soyez, à bord, le plus réservées possible, car il n'y a pas de petite ville de province, de loge de concierge même, où il se fasse autant de commérages que là. Si vous avez pour compagnons de route des Anglais, ne les saluez pas, surtout, et n'ayez même pas l'air de les voir pendant les huit premiers jours. L'Anglais veut savoir qui il salue, et se donne la peine d'étudier un peu son monde avant de risquer la moindre politesse. (Trouvez-vous qu'il ait bien tort?) Mais, dès qu'il vous a jugée digne de sa société, l'Anglais devient alors le plus aimable compagnon de route, prévenant sans galanterie, poli sans flatterie. et toujours gentleman dans ses relations avec les femmes.

Il n'en est pas, malheureusement, toujours ainsi de nos compatriotes en voyage, qui se montrent pour la plupart assez peu convenables : tantôt d'une galanterie frisant la fatuité avec les jeunes et jolies femmes, tantôt d'une impolitesse frisant la grossièreté avec les femmes laides ou âgées ; ils ne savent qu'afficher une femme ou la tourner en ridicule. Méfiez-vous surtout, Mesdames, méfiez-vous des officiers du bord. Rien n'égale la fatuité de ces messieurs ; il leur faut, à chaque traversée, inscrire une conquête de plus sur leur liste. Comme les égards, le bien-être, les mille détails de la vie matérielle dépendent d'eux, en quelque sorte, il n'est point d'agaceries et de coquetteries que les passagères ne se permettent en leur faveur.

Lorsque, dans une de ces longues traversées, il y a à bord une ou deux femmes...

comment dirons-nous?... légères?... oui... eh bien! c'est une joûte entre elles pour savoir à qui l'emportera, qui captivera le capitaine, le second, le lieutenant. En effet, être dans les bonnes grâces du capitaine, c'est avoir la meilleure place, le meilleur morceau, c'est faire mettre la tente sur la dunette les jours de calme et de soleil, y avoir un bon fauteuil, être autorisée à garder de la lumière dans sa cabine, c'est obtenir la permission de faire monter à tous propos ses malles de l'entrepont, pour en exhiber chaque jour une toilette nouvelle; c'est, *enfin* et *surtout*, primer toutes les autres femmes. Jugez que d'efforts!... que d'œillades assassines pour en arriver là!...

Il y a généralement à bord trois ou quatre sortes de voyageuses, que j'ai rencontrées dans tous mes voyages. La première est celle que j'appellerai la *poseuse*. Celle-là, à cause de son rang ou de sa fortune, se *croit* tellement au-dessus de ses compagnons de route, qu'elle ne daigne apparaître à table que bien rarement. D'ordinaire, elle se fait servir chez elle, occupe seule la cabine-salon, ne daigne échanger quelques paroles qu'avec le capitaine, a l'air de ne pas même voir les autres personnes, passe deux ou trois heures à sa toilette, et ne fait son apparition que vers les deux heures, toujours accompagnée d'une femme de chambre, portant son manteau ou son flacon.

La seconde appartient à la classe appelée *cocotte*. Celle-là change de robes deux ou trois fois par jour, rit et parle très haut, est généralement du dernier bien avec le second et le lieutenant, prend des airs d'ingénue un jour, et, le lendemain, dit des choses qui feraient rougir un dragon; passe sa journée étendue sur la dunette, les cheveux au vent, sans perdre une occasion de montrer son pied et sa jambe, fait la charge des autres femmes, chante des airs d'opéra quand la nuit vient, danse et valse les jeudis et dimanches, reste sur le pont jusqu'à une heure du matin avec les officiers et les passagers de son choix, et défraie la traversée par une foule d'épisodes plus ou moins piquants.

La troisième est la voyageuse *sérieuse* ou artiste, échangeant des paroles avec tous sans se lier avec personne, montant sur le pont, quand tout le monde en descend, pour jouir d'un beau lever du soleil ou d'un splendide clair de lune, arrangeant sa journée pour se garder quelques heures d'étude ou d'isolement, faisant sa correspondance, lisant, brodant, vêtue simplement, mais chaussée et gantée avec soin, ne se mêlant d'aucuns cancans, ne recherchant ni ne fuyant la société de ses compagnons de route, et ne désirant *enlever* aucun cœur, passant calme au milieu de toutes ces petitesses et de toutes ces vanités, s'attirant le respect de chacun, et souvent plus entourée à la fin du voyage que celles qui ont désiré l'être. C'est dans cette classe, Mesdames, que nous vous conseillons de vous ranger, si jamais il vous arrivait de voyager seules, ce que nous ne vous souhaitons pas.

Dès le second jour de route, chacun a déjà ses sympathies et ses antipathies. On échange quelques saluts, voire même quelques phrases. Le surlendemain, les conversations s'entament.

Il y a le passager *communicatif*, qui ne demande qu'à *s'épancher*, et qui vient vous raconter toutes ses histoires de famille ; il ne vous fait grâce ni d'une tante ni d'un cousin, et interrompt de temps à autre sa narration pour aller chercher les photographies de son père, de sa mère, de ses sœurs, frères et cousines. Il faut absolument que vous connaissiez jusqu'à la nourrice de son neveu.

Ensuite, vient le passager *mélancolique*, un beau garçon qui pose pour un amour malheureux, tout en envoyant des regards langoureux aux dames qu'il attendrit, et qui voudraient toutes déjà le consoler. Il exhibe aussi à certains jours le portrait de son ingrate, qu'il conserve nuit et jour sur son cœur. Celui-là a toutes les chances pour être adoré, car l'obstacle est un attrait puissant, et chaque fille d'Eve rêve en secret de guérir ce pauvre amoureux de sa funeste passion.

Après cela, nous avons le passager *boute-en-train*, ayant toujours un refrain aux lèvres, la moustache retroussée, le pantalon à la hussarde, payant presque tous les jours du champagne aux officiers et faisant la cour à la *cocotte* et à la femme de chambre de la *poseuse*.

Enfin, le passager *maussade*, toujours mécontent de la nourriture, de la marche du navire, des manières des officiers, de la tenue des femmes, du temps, qu'il trouve tantôt trop chaud et tantôt trop froid. Il cause à voix basse dans un coin comme un conspirateur, et cherche à recruter autour de lui tous les mécontents du navire. C'est généralement lui qu'on voit apparaître le matin, coiffé du bonnet de coton classique, souvenir de son ancien état, probablement.

Au bout de huit jours, on connaît les goûts et les habitudes de chacun. « Capitaine, passez donc l'aileron à Mlle X..., vous savez que c'est son morceau de prédilection. — Vous allez nous quitter, Madame, car voilà votre heure de lecture. — Avez-vous fini votre fleur de tapisserie, votre tâche habituelle? — N'allez-vous pas faire votre partie d'échecs avec le capitaine, monsieur? » Voilà les paroles qui s'échangent. On se sait par cœur : M. G... fait la cour à Mˡˡᵉ S... Mᵐᵉ W... paraît folle du docteur. On a surpris un baiser donné... que sais-je? Tels sont les propos débités sur la dunette, entre chaque repas. Que dire, en effet, que faire pour charmer ces interminables journées du bord, si l'on n'éreintait pas un peu son prochain?... Il y a bien, de temps à autre, quelques petits événements qui viennent rompre la monotonie du *tous les jours* : c'est une dorade qu'on vient de pêcher, un requin qu'on harponne, une voile à l'horizon ; ce sont les îles du cap Vert qu'on aperçoit, puis les Açores, quelque navire qu'on hèle ; mais tout cela n'empêche que le temps se traîne bien lentement pour ceux surtout qui ne savent pas s'occuper en mer comme à terre.

C'est lorsqu'on arrive à cette région, appelée par les marins le *Pot au noir*, située presque sous la Ligne, que la physionomie du bord prend un étrange aspect. Figurez-vous, lecteur, une chaleur lourde, pesante, énervante et surexcitante tout à la fois ; là, pas un souffle ne vient enfler les voiles, l'eau de la mer ressemble à de l'huile ; on ne peut dormir un peu qu'en laissant les hublots ouverts, et on en arrive même à ne plus fermer les portes des cabines, tant on souffre de ce manque d'air absolu ; on s'éveille, la nuit, les cheveux baignés de sueur ; les femmes ne portent plus que des peignoirs de mousseline ; les hommes, des pantalons et des paletots blancs ; tous se traînent, s'étendent, ne parlent presque pas, les regards s'alanguissent, et les aventures galantes sont à l'ordre du jour. « On a trouvé le lieutenant dans la cabine de Mlle A... ; — Le mousse a ramassé la ceinture de Mme W... dans la chambre du docteur. » Les billets doux s'échangent, et il n'y a guère de jour qui n'ait son petit scandale ou son attaque de nerfs. Que voulez-vous ? Ce n'est la faute de personne, apparemment. Cette température énervante vous affole à ce point, que, la nuit, je me suis souvent crue sous l'empire du haschich, tant mon esprit flottait entre la veille et le sommeil, prenant alternativement les rêves pour la réalité, et la réalité pour le rêve. C'est là que les vieilles femmes *au cœur jeune* ont des chances de succès ! Tous les hommes l'avouent : dans le *Pot au noir*, les femmes n'ont plus d'âge, et celles qu'on trouvait horribles au commencement du voyage, deviennent tout à coup charmantes, les déclarations pleuvent, les défaites abondent. Pauvres maris, qui laissez vos jeunes femmes partir seules, défiez-vous du *Pot au noir !*

Enfin, après cinq ou six jours passés dans cette région étouffante, nous voici sous la Ligne, et il s'agit de baptiser ceux qui n'ont pas encore traversé l'Equateur. Le jour du passage de la Ligne est encore plus fou que tous les autres. J'avais lu que les matelots se déguisaient, et qu'un d'eux remplissait le rôle du père la Ligne. Cela peut être, mais je ne l'ai pas vu, et je ne vous dirai jamais rien que je n'aie *vu*, désirant que ces notes sur le Brésil, à défaut d'autre mérite, aient du moins celui d'être d'une entière véracité.

Je dirai donc que, lorsque je passai la Ligne pour la première fois, à bord d'un voilier, je vis, dès le matin, les jeunes officiers poursuivre avec des pots d'eau les passagers dont l'âge permettait cette plaisanterie, et les baptiser de gré ou de force, en conduisant même les récalcitrants sous la pompe (ce qui, dans ces parages, n'a guère d'inconvénients). Moi, je m'apprêtais aussi à être baptisée, car il y avait parmi nos passagères trois créatures avec lesquelles j'évitais de causer, et que j'avais souvent entendu murmurer sur mon passage : « Bégueule ! » et autres gentillesses de ce genre. J'étais donc convaincue qu'elles profiteraient de l'occasion pour me recevoir, ce jour-là, avec quelques bonnes potées d'eau. Il n'en fut rien. Je nourrissais mon fils aîné, comme je l'ai dit, à ce moment. Les femmes respectèrent en moi la mère et la nourrice. Je fus touchée de cette délicatesse, que je n'aurais certes pas soupçonnée en elles, et non moins touchée, le soir, lorsque le maître d'équipage, qui avait composé pour la circonstance des couplets où chaque passager avait son petit coup de patte, dit, dans celui qui me concernait, en vers libres, dont je ne me souviens plus : « Chut ! il y a là une mère qui berce son enfant ; passons sans faire de bruit ; laissons dormir l'enfant sur le cœur de la mère. »

Toute la journée se passa en éclats de rire et en poursuites sur le pont ; les matelots eurent double ration et dansèrent le soir, ayant pour toute musique le chant de leurs camarades et le clapotement du flot.

Ceux qui n'ont pas passé de nuits sur l'Océan, doucement soulevés par la lame, éclairés par une lune splendide et bercés par les chants des matelots, ne peuvent se faire une idée de ce qu'il y a de plus grand et de plus poétique au monde. Lorsque, plus tard, je me suis retrouvée dans une salle de bal ou de théâtre, et que j'ai entendu chacun s'écrier autour de moi : « Que c'est beau ! c'est féerique ! »

j'ai évoqué dans ma pensée le souvenir d'une soirée à bord, j'ai revu le navire, toutes voiles dehors, fendant la vague, y entrant doucement pour se relever fièrement, en laissant après lui un sillage de feu ; j'ai revu le pilote à la barre, les passagers pittoresquement groupés sur la dunette, et fantastiquement éclairés par cette lumière argentée de la lune qui poétise tout, l'officier de quart arpentant le pont, et les matelots, à l'avant, qui, dans les cordages, qui, sur le mât d'artimon, chantant à l'unisson ce refrain qu'ils affectionnent : *Vers les rives de France, voguons en chantant, voguons doucement!* ayant toujours pour accompagnement obligé le murmure du flot et le léger craquement du navire, qui fend l'onde. La mer immense m'apparaissait de nouveau alors, se mêlant avec le ciel à l'horizon ; je croyais sentir encore souffler sur mon visage cette fraîche brise tout imprégnée des senteurs de l'Océan, et, jetant les yeux autour de moi, je comparais involontairement les spectacles des hommes avec ce magnifique spectacle de la nature. Que tout cela me semblait petit, misérable, prosaïque auprès des splendides œuvres de Dieu ! Non, je le répète, qui n'a pas assisté à ces grandes scènes en mer n'en peut comprendre l'effet sublime et saisissant. L'âme en reçoit une impression ineffaçable et se sent grandir à jamais devant ces vastes horizons.

Après cette digression enthousiaste, que mes lecteurs voudront bien me pardonner, je reprends mon récit.

Si la traversée est heureuse, on arrive à Rio-de-Janeiro, par un clipper, en 29 ou 30 jours, et en 20 jours par un steamer ; mais, quand on a le vent contraire, souvent aussi, en 40 jours seulement.

Deux jours avant l'arrivée, nous avions aperçu la terre. Quelle joie immense pour tous de revoir des arbres et de la végétation après tant de temps passé entre le ciel et l'eau ! Tout le monde est sur le pont ; on ne dort plus, on ne mange plus.

Enfin, voici le Brésil, qui apparaît avec ses bouquets de bananiers et de palmiers. On commence à distinguer la chaîne de montagnes appelée le *Géant*, qui représente assez bien, en effet, un homme d'une stature colossale, étendu tout de son long, et dont le profil ressemble à celui de Louis XVI. Celle qu'on appelle le *Pâo d'Assucar* (le Pain-de-Sucre), est la montagne qui forme le pied du Géant. Elle garde l'entrée de la baie de Rio-de-Janeiro.

Bientôt le navire entre dans la passe, ayant, à sa droite, la forteresse de Santa-Cruz, et, à sa gauche, le fort de Lage, d'où on le hêle lorsqu'il passe. S'il tarde à s'arrêter, un coup de canon l'avertit de ne pas continuer sa route. Il arbore alors son pavillon. « D'où vient il ? lui demande-t-on. Combien de jours de mer ? Quel est son nom et celui de son capitaine ? A-t-il des malades à bord ? » Après avoir satisfait à toutes ces demandes, il entre dans la baie, et jette l'ancre près d'un fort appelé *Villa-Gaghâo*. Aussitôt, deux petits canots l'accostent ; l'un est celui de l'*Alfandega* (la Douane), l'autre, celui de la *Saúde* (Santé). Le premier, monté par le *guarda môr*, va prendre compte des bagages et vérifier les passeports des passagers ; le second, monté par un des médecins en chef de la marine, vient s'informer de l'état sanitaire du bord, pour savoir s'il n'y a pas lieu à faire faire quarantaine à l'équipage.

Pendant ce temps, arrivent de tous côtés différentes embarcations, dont les plus grandes, appelées *falûas*, viennent chercher les passagers, avec une partie de leurs effets. Le gros bagage est dirigé vers la Douane, et ne leur sera rendu que le lendemain, après la visite.

Ces faluâs, sortes de grandes barques avec une très haute voile latine, sont montées généralement par cinq nègres robustes; le patron se tient à la barre, tandis que les quatre autres rament lentement, en cadence, se relevant sur leur banc à chaque coup de rame, et retombant assis pour se relever de nouveau. Ce fut là un de mes premiers étonnements que ces noirs nus jusqu'à la ceinture, à la figure épatée et bestiale, sillonnée de larges cicatrices (quand ce sont des nègres Minas), la sueur ruisselant sur le corps, impassibles comme des statues, vous regardant sans curiosité et sans étonnement, et ne paraissant se soucier ni de vous ni de rien au monde que de manger et de dormir ; ces faces étranges impressionnent.

Pendant qu'ils rament pour nous conduire à terre, jetez avec moi un coup d'œil sur cette splendide baie, bordée de tous côtés de montagnes couvertes de la plus luxuriante végétation. Celle-ci, toute tortueuse et pointue, s'appelle le Corcovado (le Bossu); nous lui consacrerons quelques pages plus loin. En voici une autre, carrée au sommet, dont le nom est Tijuca (Grès) ; la cascade qu'elle renferme est renommée ; c'est un des plus beaux sites de Rio-de-Janeiro. Enfin, à votre gauche, la montagne dont vous voyez les fines découpures se détacher sur le ciel bleu est la *Serra dos Orgâos* (la montagne des Orgues), parce qu'en effet ses crêtes affectent la forme des orgues d'une église. De charmants îlots parsèment la baie, dont les bords sont chargés d'orangers, de cotonniers et de bananiers, toujours verts et chargés de fruits ; des *châcaras* (villas) sont semées dans ces bouquets d'arbres, et, sur une colline, à main gauche, s'élève la petite église *da Gloria*, sous l'invocation de *Nossa-Senhora da Gloria*. A droite de la baie est l'île *das Cobras* (des Serpents), puis *San-Domingos* et *Praia-Grande*, l'ancienne capitale du Brésil. Un ciel pur et d'un bleu superbe au-dessus de votre tête, un soleil ardent qui dore tout le paysage, des martins-pêcheurs plongeant autour de vous et s'envolant à tire d'ailes avec le poisson au bec, la mer bleue et calme comme un lac, une petite brise qui vient vous rafraîchir, soufflant tantôt du large et tantôt de la terre, voilà ce qui vous plonge, à votre arrivée, dans une sorte de béatitude et d'extase ; vous demeurez littéralement ébloui.

Enfin la faluâ aborde ; nous voici arrivés. Les nègres se jettent à l'eau et m'enlèvent dans leurs bras robustes pour me mettre à terre, car les bords de la baie ne sont que vase infecte, où des détritus de toute sorte pourrissent en répandant des émanations nauséabondes. Ce fut là notre première désillusion. Ces plages, qui, de loin, nous semblaient si belles et si parfumées, étaient le réceptacle des immondices de la ville. Depuis, elle s'est assainie par des égouts.

Nous mîmes pied à terre sur le quai Farú, *largo do Paço* (place du Palais).

Le palais de l'empereur fut le premier édifice qui frappa nos regards. Il est peu fait pour exciter l'admiration : c'est un grand bâtiment carré, qu'en débarquant je pris pour une caserne. En face le palais, se trouve le Marché, qui est vraiment un des endroits les plus pittoresques de la ville. Là, de grandes négresses Minas,

coiffées d'une pièce de mousseline formant turban, la figure toute pleine d'entailles, ayant une chemise et une jupe à volants pour tout vêtement, sont accroupies sur des nattes auprès de leurs fruits ou de leur légumes ; à leurs côtés, se tiennent leurs négrillons, entièrement nus. Celles dont les enfants sont encore à la mamelle, les portent attachés sur le dos par un large morceau d'étoffe rayée de toutes couleurs, auquel elles font faire deux ou trois fois le tour de leur corps, après avoir préalablement posé l'enfant sur leurs reins, les jambes et les bras écartés (1) ; le pauvre petit reste ainsi tout le jour ballotté par les mouvements de sa mère, le nez collé au dos de celle-ci, sa tête, lorsqu'il dort, n'ayant aucun point d'appui et roulant constamment de droite à gauche ; ses petites jambes sont tellement

---

(1) Voyez aux gravures.

écartées par la forte cambrure de la négresse, que beaucoup en gardent pour la vie les jambes arquées.

Rien de plus original que l'aspect de ce marché, où sont entassés oranges, bananes, mangues, fruits de Conde, melons d'eau, ananas, citrons, goyaves, grenades, avocats, *espinafres, batatas doces, palmitos*, au milieu de perroquets de toute sorte, de *tatùs*, de singes, de ouistitis, de poules d'Inde et d'oiseaux de tous plumages.

Plus loin, se tiennent les marchands de nattes, de cocos, de calebasses et de grandes jarres, dont les plus petites, appelées *moringas*, sont les carafes du pays.

Au fond, donnant sur la mer, se trouve le marché au poisson, où abondent sardines, crevettes, huîtres et poissons délicieux, qu'on achète vivants ; tout le long du quai,

NÉGRESSE DU MARCHÉ

qui borde le marché de ce côté, sont les pirogues ou *canoâès*, où les pêcheurs vendent le poisson par lots; là se tiennent, sous de grands parapluies de toile, des négresses (1), qui vous servent, pour *un vintem* (deux sous), un bol de café chaud, ou bien des *batatas doces* fumantes, des sardines frites et de *l'angù* (farine de manioc mêlée avec de l'eau bouillante et du sel, et formant une bouillie très épaisse); les nègres les plus friands assaisonnent le tout d'une espèce de graisse, qu'ils appellent *azeite de dindin* (huile de dindin). Là aussi se vendent les *massarocas* (épis) de maïs grillé, et la *feijõada*, c'est-à-dire tout ce qui constitue, au Brésil, un repas de nègres, et même de blancs de la classe inférieure.

C'est là qu'il faut entendre parler cette langue africaine, qu'on appelle langue de

---

(1) Voir la photographie de l'une d'elles.

la côte. Rien de plus étrange : il semble qu'il n'y entre aucune consonne ; on n'y distingue absolument que des ohui, y a, ahua, o, y, o. J'en avais appris quelques mots, que j'ai vite oubliés ; il est presque impossible de retenir un langage dont on ignore entièrement l'orthographe.

FIN DE LA PREMIÈRE PARTIE.

RIO-DE-JANEIRO

DEUXIÈME PARTIE

La rue Direita. — Les Bahianas. — La rue do Ouvidor. — Le Corcovado. — La rue do Rosario. — La fièvre jaune. — Mon premier mot de portugais. — Supplices infligés aux noirs. — Les processions. — Une lugubre histoire.

Quand vous entrez dans la ville de Rio-de-Janeiro par le largo do Paço, la première rue qui se présente à vous est la rue Direita (droite) ; c'est une des plus belles de la ville ; elle est assez large et bordée, de chaque côté, de maisons à un ou deux étages, peintes de diverses couleurs, ayant, pour la plupart, leurs balcons garnis de stores rayés blanc et rouge. La majeure partie des maisons est de construction ancienne ; plusieurs ont conservé la varanda autour de l'habitation.

Cette rue est très animée, parce que c'est là que la Bourse se tient. Trois ou quatre belles églises, entre autres Santa-Cruz et l'église dos Carmos (1), s'y font remarquer. Tout le long de la rue, sur les marches des églises ou à la porte des magasins, sont accroupies de grandes nègresses Minas (les Minas sont originaires de la province de Mina, dans l'Afrique occidentale), parées de leurs plus beaux atours ; une fine chemise, garnie de dentelle, cache à peine leur gorge, et une jupe de mousseline blanche, à volants, posée sur une autre de couleur voyante, forme tout leur costume ; elles ont les pieds nus dans des espèces de

---

(1) Voyez aux gravures.

mules à hauts talons, appelées *tamancas*, où ne doit entrer que la pointe du pied ; leur cou et leurs bras sont chargés de colliers d'or, de rangs de corail et de toutes sortes de morceaux d'ivoire et de dents, espèce de Manitous, qui, selon elles, doivent conjurer le mauvais sort ; une grande pièce de mousseline s'enroule deux ou trois fois autour de leur tête en forme de turban, et une autre pièce d'étoffe rayée est jetée sur leur épaule pour les couvrir quand elles ont froid, ou pour ceindre leurs reins lorsqu'elles portent un enfant (1). Beaucoup d'hommes trouvent ces négresses belles ; quant à moi, j'avoue que la laine crépue qui leur sert de chevelure, leur front bas et déprimé, leurs yeux injectés de sang, leur énorme bouche aux lèvres bestiales, aux dents écartées comme celles des fauves, ainsi que leur nez épaté, ne

---

(1) Voyez aux gravures.

m'ont paru jamais constituer qu'un type fort laid. Ce qu'elles ont de peu vulgaire, c'est la démarche. Elles s'en vont la tête haute, le buste très avancé, les reins cambrés, les bras en amphore, soutenant leur charge de fruits, toujours placée sur la tête. Leurs pieds et leurs mains sont petits, les attaches en sont fines ; elles ont la taille bien prise et très cambrée, et leur marche, d'allure dégagée, est toujours accompagnée d'un mouvement de hanches assez provocant, quoique empreint cependant d'une certaine fierté, comme celui de l'Espagnole. Leur poitrine est à peine voilée par leur fine chemise, et, quelquefois même, elles ont un sein dehors ; mais peu d'entre elles ont la gorge belle. Il n'y a que chez les mulâtresses toutes jeunes que cette beauté se rencontre quelquefois. Quant aux négresses, on n'a rien exagéré en disant qu'elles allaitent facilement leur enfant placé derrière leur dos : je l'ai vu faire à quelques-unes de mes servantes ; seulement, ce n'est vraiment pas au milieu du dos, mais bien sous le bras que l'enfant tette. Rien de plus débauché que ces négresses Minas : ce sont elles qui dépravent et empoisonnent la jeunesse de Rio-de-Janeiro ; il n'est pas rare de voir des étrangers, surtout des Anglais, les entretenir et faire des folies pour elles.

J'ai lu dans un ouvrage sur le Brésil, de M. Expilly, ces paroles : « Celui qui a » respiré le parfum âcre et pénétrant de » la catinga, trouvera fade, désormais, » l'odeur qu'exhale la peau des femmes » blanches. » Mon Dieu oui ! c'est absolument comme ceux qui adorent le parfum de l'ail et le préfèrent à celui des truffes, ou bien encore ceux qui placent l'alcool avant les vins fins.

Il n'est pas rare non plus d'entendre

parler de *facadas* (coups de couteau), donnés aux blancs par les noirs jaloux.

Quand on désire ces créatures, on n'a qu'à leur faire un signe, et elles vous suivent. J'en ai eu chez moi qui, leur service fini, disparaissaient le soir pour se livrer à ce joli commerce, et trouvaient fort étrange que je les réprimandasse à ce sujet. Elle répondaient simplement : « Il faut bien que j'aille gagner de quoi » m'acheter une pièce de dentelle ! Nos » maîtresses brésiliennes ne sont pas » comme Madame, et nous laissent quel- » ques heures pour cela chaque soir. »

Mon intention n'étant pas de faire ici la nomenclature des rues de Rio-de-Janeiro et de ses monuments, je laisserai ce sujet, après avoir dit un mot, cependant, sur la rue do Ouvidor, rue essentiellement française, où les magasins de nos modistes, de nos coiffeurs, de nos fleuristes et de nos pâtissiers s'étalent dans toute leur splendeur. C'est le rendez-vous habituel des jeunes gens de la ville, qui, sous prétexte d'acheter des cigares ou des cravates, y viennent faire la cour aux Françaises, dont ils raffolent. Cette rue, quoique étroite et laide, est, en quelque sorte, le boulevard des Italiens de la capitale du Brésil ; on n'y entend parler que français, et quel français, bon Dieu ! C'est là que l'importance de nos compatriotes, partis ouvriers et devenus chefs de maison, est risible à voir !... Tout fiers d'avoir de l'argent et des esclaves. C'est à peine s'ils daignent vous honorer d'un petit salut protecteur du bout des doigts.

Je fus reçue, à mon arrivée, chez un ex-plombier et sa femme, *parvenus* dans toute la force du terme, qui étaient bien amusants ! Le mari, un gros homme,

portant des boucles d'oreilles, ne pouvait dire un mot sans l'accompagner d'un *cuir*, et n'ouvrait la bouche que pour parler de ses écus ou de ses esclaves. Quant à sa femme, très *puissante* aussi, comme elle le disait, se prélassant dans son fauteuil avec une robe décolletée, qui montrait ce qu'elle aurait dû cacher avec soin, elle interrompait sa partie de cartes pour crier à tout instant : « O négrinha ! (petite né-
» gresse) passe-moi mon éventail ! O
» négrinha ! donne-moi ma tabatière !
» O négrinha ! apporte-moi un verre
» d'eau ! O négrinha ! ramasse mon mou-
» choir ! » et ce mouchoir, surtout, elle le jetait plus de vingt fois à terre dans la soirée, pour avoir le plaisir de se le faire ramasser autant de fois par une petite négresse de sept à huit ans, accroupie à ses pieds.

Quand ils revinrent en France, ils

ramenèrent avec eux un négrillon de cinq ans à peine. C'était une curiosité qu'ils exhibaient. Je vois toujours ce pauvre petit malheureux, accroupi au coin de la cheminée, et grelottant de tous ses membres; pour le réchauffer, ses maîtres lui faisaient boire de l'eau-de-vie à plein verre. Au bout de six mois de ces soins intelligents, il mourut sans avoir pu jamais se réchauffer.

Ce ménage avait pour amis un vieux teinturier et un vieux pâtissier retirés, qui venaient passer la soirée deux ou trois fois par semaine chez eux, et j'eus la bonne fortune de tomber sur un de ces soirs-là. Le français que j'entendis parler dans cette réunion, par ces quatre personnes, ne sortira jamais de ma mémoire. Comme ils avaient, en vingt ou trente ans de séjour au Brésil, à peu près désappris le peu de langue française qu'ils eussent jamais sue, et connaissaient encore un peu plus mal la langue du pays qu'ils habitaient depuis tant d'années, ils parlaient un idiôme impossible, mélange insensé des deux langues, et émaillé de locutions si bizarres, que je crus entendre du chinois ou de l'hébreu, et qu'on n'arriva jamais à me persuader que c'étaient bien quatre Français qui causaient ensemble. Vous devez croire qu'on ne m'y reprit jamais, quoique l'explombière m'eût dit, en mettant une main sur sa hanche et en s'éventant de l'autre à toute volée : « J'espère que vous avez joliment dîné, n'est-ce pas ? », et que le mari eût entonné le soir, à la demande générale, une chanson, dont chaque couplet se terminait invariablement par ce refrain, qu'on devait reprendre en chœur : *Et, par goût, je suis vidangeur !*

A peine étions-nous arrivés à Rio-de-Janeiro, qu'on nous adressait de toute part

cette question : « Avez vous été au Corco-
» vado ? Quand irez-vous au Corcovado ? »
Il fallut donc aller au Corcovado, et jour fut pris pour la fameuse ascension.

Nous partîmes à trois heures du matin ; car il faut éviter le plus possible la chaleur du jour. On se réunit, d'ordinaire, quinze à vingt pour faire cette partie. Notre petite caravane se composait de seize personnes, sans compter les noirs, qui nous suivaient, portant sur leur tête de grands *cestos* (grandes corbeilles de bambou), contenant les provisions de bouche. Quant aux négresses, elles étaient chargées des enfants, qui sont de toutes les fêtes, et qu'on emmène même au spectacle, tant on a de confiance dans les esclaves pour les garder. Quelquefois, on prend des mules pour les enfants et les provisions, et l'on gravit la moitié de la montagne à cheval ou à dos de mulet. La seconde fois que je fis l'excursion du Corcovado, ce fut ainsi, et j'avoue que je le préférai.

On commence l'ascension par la montagne de Santa-Thereza ; à mi-côte, vous trouvez le couvent de femmes qui porte ce nom, et qui ne donne asile qu'à vingt et une religieuses seulement. Retournez-vous alors, et admirez ! A vos pieds, se déroule la magnifique baie de Rio-de-Janeiro, avec ses bâtiments de tous pays, avec ses montagnes si pittoresquement découpées, avec ses îlots verts, qui semblent des bouquets éclos dans la vague. Vous voyez, d'un côté, la ville toute bariolée, puis, tout au loin, la pleine mer.

Je me suis souvent dit que si jamais l'idée de me faire religieuse avait pu me venir, ce n'est qu'au couvent de Santa-Thereza que je serais venue demander le repos et la méditation. En face d'une na-

ture si grande, nos sociétés, dites civilisées, semblent bien peu de chose ! Là, toute chose humaine disparaît, et l'on ne doit plus se souvenir que de Dieu.

Montons, montons encore. A votre droite est l'aqueduc qui, du sommet du Corcovado, descend jusque dans la ville pour y répandre cette eau si renommée de la Carioca, qui a donné lieu à ce proverbe brésilien : « *Qui a bu de l'eau de la Carioca ne peut plus boire d'autre eau* » ; et à cet autre : « *Vous avez bu de l'eau de la Carioca : vous ne pouvez plus vivre qu'ici.* »

Les habitants de Rio-de-Janeiro ont coutume de dire aussi, pour un de leurs compatriotes, habitant de Rio, c'est *un Carioca*.

Montons toujours. Voici les grands arbres qui commencent à apparaître : c'est d'abord le manguier, à l'ombrage touffu ; le tamarinier, l'arbre à pain ; puis, sur les plateaux, le bananier, aux fruits substantiels et savoureux ; le cocotier, l'oranger, qui secoue sur vous sa parure embaumée ; le caféier, avec ses petites graines rouges et ses feuilles d'un vert sombre et lustré ; le palmier, d'un effet si pittoresque dans le paysage brésilien ; les citronniers, les cotonniers... que sais-je?... tout cela se croise, s'enlace, s'enchevêtre et forme au-dessus de votre tête un dôme de verdure où les plus chauds rayons du soleil ne peuvent pénétrer. Les fruits, les fleurs, le gazon, tout vous invite; mais la nature est perfide ici, méfiez-vous ! le poison se cache sous les plus belles fleurs et sous les fruits les plus savoureux : quelque serpent, à la piqûre mortelle, rampe peut-être sous ce gazon dont il a la couleur ; un scorpion est là qui vous attend pour faire une blessure qui ne pardonne pas. Souvenez-vous que vous êtes au Brésil, méfiez-vous, étranger, et montez toujours !

Enfin nous arrivons à un endroit appelé *Os Dous Irmãos* (les Deux-Frères), à cause de deux pierres triangulaires qui paraissent remonter à Dom Juâo VI.

Ici, notre caravane fit halte. On choisit, près de la source, un beau tertre, qu'on explora avec soin, dans la crainte de quelque mauvaise rencontre. Les nègres s'en furent remplir les *canecas* (chopes de fer-blanc) d'une eau fraîche et limpide, dont les Européens ne peuvent avoir l'idée ; le couvert fut mis sur une natte, qui servit de table, et toute la société commença alors un repas frugal et charmant, assaisonné de beaucoup d'appétit.

Les noirs formaient un groupe à part, qui n'était pas le moins original du tableau.

Ils eurent bientôt allumé du feu avec quelques menues branches, et, sur deux pierres, posèrent leur marmite, dans laquelle chauffaient les *feijâoes* (haricots noirs du pays), qu'ils saupoudrèrent de farine de *mandioca*; puis, pétrissant le tout dans leurs mains, et en formant de grosses boulettes, ils commencèrent à les lancer dans leur bouche avec une grande dextérité. Si vous voulez les obliger à manger avec une cuillère, ils vous soutiennent tous que cela retire beaucoup de saveur à leur *feijōada*.

Pendant le déjeuner, les *mucamas* (femmes de chambre) agitaient au-dessus de nos têtes de larges feuilles de bananier, pour chasser les mouches et les moustiques et nous éventer en même temps.

Le repas terminé, l'ascension recommença, plus péniblement cette fois, car le soleil était déjà brûlant, et nous commencions à être fatigués. Les arbres devenaient de plus en plus touffus, les lianes les enlaçaient, et des parasites de toute sorte s'y suspendaient. Enfin, nous arrivâmes à la *Maï de agua* (la source-mère). Là, l'Européen peut se faire une idée de ces belles forêts vierges, sapées pour la plupart par notre impitoyable civilisation ; tout bruit humain a cessé, vous n'entendez plus qu'un bruissement sans nom, dominé de temps à autre par le chant aigu et strident de la cigale ; là, chaque brin d'herbe est habité, chaque arbre, chaque feuille recèle un monde ; on se voit seul, et cependant on sent qu'une multitude d'êtres grouillent autour de vous ; à peine peut-on apercevoir le sommet des arbres séculaires qui vous entourent ; c'est un chaos inextricable et grandiose qui vous saisit, et je demeurai en extase devant cette nature sauvage et gigantesque, qui m'inspirait tout à la fois de la terreur et de l'admiration.

A partir de la *Maï de agua*, il faut gravir d'étroits sentiers à pic, à peine tracés ; et enfin, après cinq ou six heures de marche, on arrive au sommet du Corcovado. Le panorama le plus magnifique se déploie alors à vos yeux : c'est un spectacle magique. Cependant, je l'avouerai, j'ai été saisie de plus d'enthousiasme au milieu de la montagne qu'à son sommet. J'avais pu me figurer un peu le splendide coup d'œil qui m'attendait à une telle hauteur, mais je n'avais pu pressentir l'émotion profonde que je ressentirais à l'aspect d'une nature sortant vierge des mains de Dieu.

Nous étions descendus, à notre arrivée à Rio-de-Janeiro, chez notre oncle ; mais il fallait songer à nous loger.

Après avoir parcouru toute la ville, nous ne trouvâmes ce que nous voulions que dans la rue du Rosario. Hélas ! quelle rue pour des Parisiens habitués à tout le confort et à tout le luxe de notre capitale ! Elle est étroite, triste, et n'a, pour tous magasins, au rez-de-chaussée de chaque maison, que des *vendas*, c'est-à-dire de sombres boutiques, où sont entassés par montagnes la *carne secca* (viande séchée), le *bacalhão* (morue sèche), les sacs de *feijões* et de riz, ainsi que les fromages de *Minas*.

Quand vous arrivez dans le pays, vous êtes loin de supposer que cette espèce de cuir roulé en paquets, que vous voyez entassé de la sorte, puisse être de la viande. C'est cependant là la principale nourriture du pays, et il n'est pas de Brésilien qui ne préfère la **carne secca** à la *carne verde* (viande verte) (1). Vous dire quelle affreuse odeur exhalent cette morue et cette viande sèche ! c'est impossible ; songez que la rue est étroite, jamais balayée ou arrosée, que le soleil des tropiques la chauffe incessamment, et tâchez de vous faire une idée des émanations qui s'en dégagent !

Ce fut là que mon mari et moi nous tombâmes malades de la fièvre jaune, qui sévit au Brésil, pour la première fois, l'année de notre arrivée. Jusqu'alors, le pays avait été très sain. Lorsque cette horrible maladie s'abattit sur Rio-de-Janeiro, ce fut d'abord les étrangers qu'elle frappa, puis les nègres, puis la classe pauvre, et, enfin, les Brésiliens aisés eux-mêmes, mais en très petit nombre.

La mortalité était telle dans la ville,

---

(1) On pourrait penser que *verte* veut dire pourrie ; au contraire, c'est viande fraîche.

et les cimetières si pleins, qu'on ne pouvait plus enterrer les morts; plus de fêtes, plus de bruit, plus de joie, partout le deuil.

Les théâtres étaient fermés, de grandes processions parcouraient la ville chaque jour pour demander à Dieu la fin du fléau. En tête de la procession, marchaient des jeunes filles vêtues de blanc. Lorsqu'on arrivait à une place publique, un banc était aussitôt apporté au milieu de la place, et, sur ce banc, montait une des jeunes filles, qui récitait à haute voix la prière, que tous redisaient après elle. Rien de plus lugubre que ces litanies, psalmodiées d'un ton monotone et venant rompre seules, de temps à autre, le triste silence qui planait sur la ville! Chaque matin, nous apprenions la mort d'un de nos compatriotes. De vingt-huit passagers qui avaient fait la traversée avec nous, dix-sept venaient déjà de succomber, lorsque je me sentis prise de cette fièvre, dont je reconnus tout de suite les symptômes.

On nous avait recommandé, à notre arrivée, un médecin homœopathe, appelé le docteur Paître, et nous lui avions été présentés. Mon mari courut aussitôt chez lui ; mais ce fut inutilement : le docteur était lui-même tombé malade et s'était enfui bien vite loin de la ville, hors de ce foyer d'infection, dans lequel il était si difficile d'arriver à la guérison. Que faire donc ? Je tirai de mon sac de voyage ma boîte d'homœopathie, donnée par Hahnemann lui-même, avant mon départ, et cherchai dans le Manuel de Jarr, que j'avais déjà étudié, chacun des symptômes de mon mal. Je commençai à m'administrer des médicaments, le *veratrum* et l'ipécacuanha, simultanément. Ce jour-là, la négresse que nous avions louée tomba malade aussi; et nous dûmes la renvoyer à son maître. Puis, enfin, vint le tour de mon mari, qui se sentit tout à coup pris de frissons.

Arrivés depuis trois mois à peine, ne connaissant personne dans la ville, ne voyant guère les parents chez lesquels nous étions descendus à notre arrivée, sans médecin, sans serviteur, avec très peu d'argent et un enfant de dix-huit mois que je venais de sevrer, telle était notre position. Mon mari dut prendre le lit, et je le traitai comme je me traitais moi-même. Celui qui se sentait mieux se levait pour s'occuper de la nourriture de l'enfant, qui, heureusement, ne fut pas atteint. J'eus le bonheur de nous sauver tous deux, et nous entrâmes en convalescence. Je la dirigeai à ma manière, avec du bouillon gras, où je jetais une poignée d'oseille cuite ; un peu de bouilli et de riz cuit à l'eau complétaient le repas. Grâce à ce régime, d'une sobriété excessive, notre estomac se remit parfaitement, et, depuis, chaque fois que la fièvre jaune a sévi dans le pays, pendant les douze années que nous l'avons habité, nous n'en avons plus été atteints jamais. Il faut dire que cette maladie attaque avec bien plus de violence ceux qui font des excès, de quelque nature qu'ils soient, de boissons, par exemple, ou même de fruits. Les oranges, mangées en quantité, ont conduit plus d'un nouveau débarqué au tombeau. Les Brésiliens ne mangent jamais une orange qu'ils viennent de cueillir à l'arbre ; ils prétendent qu'ainsi elle donne la fièvre ; il faut les laisser refroidir, disent-ils, pour qu'elles soient bonnes.

La fièvre jaune est, maintenant, acclimatée au Brésil, comme le choléra dans nos pays ; elle apparaît de temps à autre dans les fortes chaleurs, mais ne se montre plus si meurtrière que l'année où elle sévit pour la première fois, parce qu'on sait la traiter.

On doit, dans les pays tropicaux, observer plus de sobriété que partout ailleurs. Ceux qui, ayant l'habitude du vin et des liqueurs, veulent continuer au Brésil leur même genre de vie, n'en ont pas pour longtemps.

Faites comme les gens du pays : buvez de l'eau. Du reste, l'eau est si bonne à Rio, que cette boisson est presque un régal. Aussi le Brésilien en boit-il, dans sa soirée, quatre ou cinq verres; elle est si limpide, si parfumée, si légère, cette eau de la Carioca, qui serpente sur de blancs cailloux, à travers les plantes aromatiques, et vous arrive toute fraîche et pleine de senteurs, qu'on s'en souvient toujours, et que le Brésilien a raison de dire : « Quand on a bu » cette eau-là, on n'en peut plus boire » d'autre. »

Nous avions pour voisine, rue do Rosario, à l'étage supérieur, une señora espagnole qui avait à son service trois ou quatre esclaves. Chaque jour, d'affreuses scènes avaient lieu au-dessus de nos têtes. Pour la plus légère omission, pour la plus petite faute de l'un d'eux, l'Espagnole les fouettait ou leur donnait des coups de *palmatoria* (petite palette percée de trous, l'espèce de férule d'autrefois), et nous entendions les pauvres négresses se jeter à ses genoux, en criant : « Grâce ! señora ! » Mais l'impitoyable maîtresse ne se laissait jamais attendrir, et donnait sans pitié le nombre de coups qu'elle avait jugé devoir être donnés. Ces scènes me faisaient un mal affreux.

Un jour où les coups de *chicote* (fouet) pleuvaient plus dru que de coutume, et où les cris se faisaient entendre plus déchirants qu'à l'ordinaire, je me levai tout à coup, et, m'adressant à mon mari, qui, né au Brésil de parents français, parlait le portugais comme sa propre langue : « Comment dit-on bourreau? » lui demandai-je. — « *Carasco* », me répondit-il, sans comprendre pourquoi je lui faisais cette question. Aussitôt, je m'élance dans l'escalier, que je monte en courant, j'ouvre la porte de l'Espagnole, et lui jette cette seule parole : « *Carasco !* » Ce fut là mon premier mot de portugais. Cette femme demeura atterrée. Après, n'entendant plus aucun bruit, je crus avoir sauvé ces malheureux. Il n'en était rien ; seulement, depuis ce temps, elle les bâillonnait afin que leurs cris n'arrivassent plus jusqu'à moi. C'était tout ce qu'ils y avaient gagné.

Ce spectacle de l'esclavage fut, pendant les premières années de mon séjour au Brésil, un des supplices de ma vie, et ne contribua pas peu à me donner la nostalgie, dont je pensai mourir. A chaque instant, mon âme se révoltait ou saignait, quand je passais devant un de ces *leitãos* (encans), où de pauvres nègres, montés sur une table, étaient mis aux enchères et examinés aux dents et aux jambes comme des chevaux ou des mules ; quand je voyais l'enchère se couvrir, et qu'une jeune négresse venait d'être livrée au Fazendeiro qui la réservait à son service *intime*, tandis que son petit nègre était quelquefois vendu à un autre maître. Devant toutes ces scènes de barbarie, mon cœur se soulevait, de généreuses colères bouillonnaient en moi, et j'étais obligée de me faire violence pour ne pas crier à tous ces hommes qui faisaient commerce de chair humaine : « *Carascos!* » comme je l'avais crié à ma voisine espagnole.

A peine étais-je parvenue à me calmer,

que je rencontrais quelques pas plus loin un pauvre noir portant un masque de fer ; c'était encore de cette façon qu'on punissait l'ivrognerie chez l'esclave, il y a douze ou quinze ans. Ceux qui buvaient étaient condamnés à porter un masque de fer, qui s'attachait derrière la tête à l'aide d'un cadenas, et qu'on ne leur enlevait qu'à l'heure des repas. On ne peut s'imaginer l'impression que causaient ces hommes à têtes de fer ! C'était effrayant ! et jugez quel supplice sous cette chaleur tropicale ! Ceux qui avaient fui étaient attachés par une jambe à un poteau, d'autres portaient au cou un grand carcan, espèce de joug comme celui qu'on met aux bœufs ; d'autres, enfin, étaient envoyés à la *Correccão* (prison pénitentiaire), où, après les avoir attachés à un poteau, quarante, cinquante, quelquefois soixante coups de *chicote* (fouet) leur étaient administrés en plusieurs fois. Quand le sang coulait, on s'arrêtait ; leurs blessures étaient pansées avec du vinaigre, et, le jour suivant, on recommençait.

On ne doit pas accuser l'empereur du Brésil de cet état de choses. Il est, au contraire, plein d'humanité, et ses esclaves sont traités avec beaucoup de douceur ; mais il avait trouvé ces coutumes établies en montant sur le trône, et ne pouvait en un jour modifier les mœurs du pays ; il lui fallait fermer les yeux sur la traite des nègres, car eux seuls étaient capables de supporter les travaux de culture sous ce soleil de feu.

On s'était bien efforcé d'amener des colons de tous pays pour les substituer tout doucement aux nègres ; mais les Français résistaient à peine quelques mois ; les Anglais, qui voulaient continuer leur régime de gin, mouraient bientôt congestionnés ; les Chinois, race paresseuse et appauvrie,

CABOCLOS

ne donnaient aucun bon résultat. Seuls, les Allemands étaient parvenus à fonder une petite colonie, encore était-ce dans la partie haute et montagneuse du pays, dont le climat se rapproche un peu de celui de l'Europe. Que faire donc ? Si l'esclavage était tout à coup aboli, le pays était ruiné. L'empereur se trouvait devant toutes ces difficultés.

La seule race propre à la culture, au Brésil, est, sans aucun doute, la race indigène, *os Indios, os Caboclos* (1), comme les appellent les Brésiliens. Mais, traquée comme elle l'a été, refusant de se soumettre, réfugiée au fond des forêts, sauvage, anthropophage même encore dans quelques endroits, on n'espère pas pouvoir la dompter de si tôt. Quant à la race brésilienne, mélange de sang européen, américain et afri-

---

(1) **Voyez aux gravures.**

cain, elle a toute la nonchalance créole, est faible, abâtardie, très intelligente et non moins orgueilleuse. Il est évident que c'est au commerce avec les noirs qu'est dû en partie l'appauvrissement de cette race. Les négresses, avec leurs ardeurs africaines, étiolent la jeunesse de Rio-de-Janeiro et de ses provinces. Il y a dans leur sang un principe âcre qui tue le blanc.

La dent même des nègres est souvent dangereuse. J'ai vu plus d'un exemple, au Brésil, de maîtres européens (car jamais un Brésilien ne frappe lui-même son esclave), qui, en frappant leurs noirs, avaient été mordus par eux, ou même avaient rencontré leurs dents, et auxquels on dut couper le bras.

La race brésilienne ne pourrait supporter de rudes labeurs; de plus, elle méprise tout travail manuel.

Pas un Brésilien qui consente à servir jamais ; tous veulent être maîtres. Si donc l'esclavage eût été aboli tout à coup, la culture était arrêtée : c'était la famine qui se dressait. Il fallait préparer tout doucement le pays et les esprits pour cette grande révolution. C'est ce que fit Dom Pedro II ; et lorsque, selon lui, l'heure fut venue, il déclara libre tout fils d'esclave à naître dorénavant. De cette façon, les nègres, heureux de savoir leurs enfants libres, supportent leur esclavage avec plus de courage ; et quand leurs fils trouveront à gagner leur vie dans le pays qui les aura vus naître, il est probable qu'ils y demeureront et cultiveront la terre pour eux, enfin.

Seulement, ce grand nombre de nègres libres est un gros point noir à l'horizon brésilien ; leur nombre dépasse déjà celui des blancs. Il serait à craindre, peut-être, que, lorsqu'ils se seront comptés, ils ne prissent une terrible revanche, et que l'avenir ne vengeât le passé. Espérons cependant que le Brésil n'aura pas son Saint-Domingue.

Ce qui est effrayant surtout, c'est la race mulâtre. Il est évident que c'est elle qui est appelée à gouverner le pays un jour. Elle a, dit-on, les qualités et les défauts des deux races, dont elle est issue, et fait preuve d'une intelligence remarquable.

C'est déjà parmi les mulâtres qu'on compte les médecins les plus célèbres de Rio, ainsi que ses hommes d'Etat les plus remarquables.

Mais revenons à mes impressions de voyage.

Parmi les choses dont l'étrangeté me

frappa à mon arrivée, je dois compter les processions.

Je fus invitée chez un négociant français à venir voir passer d'abord la proscescion du Jeudi-Saint, qu'on appelle celle du *Corpo de Dêos*, et, plus tard, celle de *San-Jorge*. Toutes les fenêtres de la ville, ces jours-là, se pavoisaient de rideaux de damas rouge, bleu ou jaune, et, à chaque fenêtre, s'étalaient les Brésiliennes en grande toilette, c'est-à-dire en robe de soie noire, décolletée et à manches courtes, le cou et les oreilles chargés de diamants ; près d'elles étaient leurs enfants, entourés de petits mulâtres et de petits négrillons, et, derrière, se tenaient les *amas seccas* (nourrices sèches, bonnes d'enfants).

La procession du Jeudi-Saint ne se met en route qu'à la nuit. São José et Nossa Senhora ouvrent le cortège, portés chacun par six nègres ou mulâtres; puis vient Jésus-Christ sur la croix entre les deux larrons; et, enfin, Judas, que, le lendemain, on doit brûler en effigie, sous la forme d'un mannequin de paille, dans tous les quartiers de la ville.

Devant et derrière les saints, marchent les *Anges*, c'est-à-dire de petites filles de cinq à six ans, portant des jupes très courtes, toutes brodées d'or et aussi bouffantes que les paniers de nos grand'mères. Deux grandes ailes de gaze sont attachées à leur dos, et elles ont sur la tête un diadème de pierreries; elles doivent marcher, en sautant, sur un rythme cadencé, et s'en aller, semant sur leur route des feuilles de roses contenues dans une petite corbeille qu'elles tiennent à la main. Des deux côtés, formant la haie, défilent un à un les Brésiliens, les mulâtres, et même les nègres libres, portant chacun le costume de la confrérie laïque à laquelle ils appartiennent, c'est-à-dire une espèce de cape à capuchon de soie rouge, bleue ou jaune selon l'*irmandade*, et ayant tous un long cierge allumé à la main. L'empereur et l'impératrice suivent toujours la procession du Jeudi-Saint. Ils s'arrêtent dans sept églises, en souvenir des sept stations du Christ.

La procession de Saint-Georges est plus curieuse encore, à cause du mannequin qui représente le saint : c'est un bonhomme tout bardé de fer, portant un casque dont la visière est à demi-baissée ; on le juche tant bien que mal sur un cheval étique, et, à ses côtés, marchent deux écuyers, dont l'unique occupation est de remettre sans cesse saint Georges d'aplomb sur sa selle. Rien de grotesque comme de voir ce mannequin, à chaque soubresaut du cheval, pencher tantôt à droite, tantôt à gauche, ou s'aplatir tout à coup le nez sur la crinière de son cheval. On se garderait bien de rire ! Il faut voir avec quel respect les deux écuyers remettent en équilibre le grand saint, et comme chacun se prosterne devant lui à son passage !

Ces jours de procession sont les grandes fêtes du pays, ainsi que la Saint-Jean, où les familles brésiliennes ont coutume de se recevoir entre elles et de s'inviter à *tomar huma chicara de chà* ou à *beber um copo de agua* (prendre une tasse de thé ou boire un verre d'eau), c'est la formule consacrée pour vous inviter à une soirée, dansante le plus souvent.

Le jour de la Saint-Jean, de grands feux sont allumés par les noirs sur toutes les places de la ville, et, dans ces *fogueiras*, cuisent des *batatas doces* et de la canne à sucre, qu'on sert toute bouillantes, sur de grands plateaux, au milieu de la soirée.

Toutes ces coutumes commencent à se perdre à Rio-de-Janeiro, mais elles se sont conservées religieusement dans l'intérieur du pays. J'y ai vu, ces jours-là, quelques dames brésiliennes danser, à la demande générale, le *lundũ*, danse nationale que les jeunes femmes ne savent plus guère à cette heure, et qui consiste en une espèce de promenade cadencée, avec un mouvement de hanches et d'yeux qui ne manque pas d'originalité, et que tout le monde doit accompagner d'ordinaire, en faisant claquer les doigts comme des castagnettes, pour en bien marquer le rythme.

L'homme, dans cette danse, ne fait, en quelque sorte, que tourner autour de la dame et la poursuivre, tandis qu'elle se livre à toute sorte de mouvements de chatte des plus provocants.

La première fois que je fus invitée à Rio, à un des bals de la Saint-Jean, je me souviens que, tout en dansant, mes yeux, s'étant portés sur l'artiste qui tenait le piano, je demeurai très impressionnée de la pâleur étrange répandue sur son visage. Cette pâleur était si extraordinaire, que je ne pus m'empêcher de demander si ce monsieur, qui pouvait avoir trente-cinq ans, n'était pas fort malade. On me répondit que non, mais qu'il était demeuré ainsi depuis le jour où il avait tué sa femme.

Vous jugez de l'effet que me fit cette réponse ! Je voulus connaître à l'instant tous les détails de cette tragique aventure, et voici ce qui me fut conté :

M. M***, un de nos compatriotes, était arrivé trois ans auparavant avec sa femme, toute jeune et fort jolie, engagée comme chanteuse au théâtre de Rio ; les bouquets et les lettres pleuvaient chaque soir aux pieds de la charmante artiste, et, parmi les adorateurs les plus passionnés, se fit bientôt remarquer un jeune docteur de la ville, qui avait fait ses études en France, et dont l'esprit avait pris le tour railleur et sceptique propre aux Parisiens. La jeune femme répondit bientôt à la passion qu'elle inspirait, et devint la maîtresse du docteur. Le mari, commençant à s'apercevoir de quelque chose, fit plusieurs scènes de jalousie à sa femme ; pourtant, il n'avait pas encore de certitude.

Un jour, en la voyant prête à sortir, plus parée que de coutume, il eut l'intuition qu'elle allait à un rendez-vous, et, se plaçant devant elle : « Vous ne sortirez pas ! » lui dit-il. — « Je sortirai ! » répliqua-t-elle, en se dirigeant vers la porte. Alors, le mari, tirant de sa poitrine un pistolet qu'il y avait tenu caché, en tira, à bout portant, sur sa jeune femme, deux coups, qui l'étendirent sans vie à ses pieds, et fut se constituer prisonnier. Après avoir subi un jugement, absous de par la loi, il était demeuré dans le pays, où il rencontrait à chaque pas celui qui l'avait déshonoré. Il avait eu le triste courage de tuer la femme, et n'avait pas celui de tuer l'homme.

Tout souillé de son crime, portant depuis, comme un stigmate éternel, cette pâleur cadavérique, il continuait cependant à venir jouer chaque soir des quadrilles et des polkas pour faire danser la jeunesse brésilienne, son crime l'ayant, en quelque sorte, mis à la mode.

Ce récit me glaça; mes yeux ne pouvaient se détacher de cet homme, qu'on plaignait généralement, tandis que moi je ne trouvais pour lui, en le regardant, que cette seule parole : « Lâche !» Le bal perdit bientôt pour moi, peu à peu, toute sa joyeuse physionomie : la note lugubre y dominait ; je me croyais sous l'empire d'un conte d'Hoffmann, et il me semblait qu'un vampire menait la danse. Je me prenais à songer à cette jeune et belle créature, tuée sans pitié dans sa fleur, et je voulus savoir si l'amant avait du moins conservé son souvenir. On me répondit qu'à sa mort il avait témoigné une grande douleur, et avait même fait racheter, en secret, le corps de sa maîtresse. Cela me toucha.

A quelques années de là, il me fut donné de compléter mes renseignements sur l'aventure. Les voici :

J'appris que l'amant, docteur en médecine, comme je l'ai dit plus haut, avait fait préparer et articuler le squelette de son ancienne maîtresse, et que, quelquefois, après boire, il lui était arrivé de dire à

quelques-uns de ses plus intimes amis :
« Voulez-vous savoir ce que devient, après sa mort, une jeune et jolie femme, blonde, blanche et rose ? Je vais vous le montrer ! »

Le docteur ouvrait alors une armoire, et, désignant du doigt, en souriant, un horrible squelette aux blanches dents, qui avait été la charmante créature dont la beauté est encore proverbiale au Brésil, et qui était morte assassinée pour lui :

« Voilà ! » disait-il.

FIN DE LA DEUXIÈME PARTIE.

LA FAZENDA

TROISIÈME PARTIE

Départ pour la Piedade. — Le page. — La boiada. — Le feitor Ventura. — La prière des noirs. — La distribution des rations. — Le batuco. — Le feiticeiro. — Les serpents. — Les mulâtresses de la fazenda. — La femme de l'administrador.

Un changement d'air m'ayant été ordonné pour une espèce de fièvre lente dont je ne pouvais me délivrer, un Brésilien, dont mon mari venait de faire la connaissance, nous offrit de nous emmener à sa *fazenda* et d'y demeurer un mois, ce que nous acceptâmes de grand cœur, désireux que nous étions de visiter un peu l'intérieur du pays et d'en étudier les mœurs.

La *fazenda* est, comme vous le savez sans doute, une sorte d'exploitation agricole où se cultivent particulièrement le riz, le café, la canne à sucre, les feijões et la manioca. Il y en a qui comptent quinze ou vingt lieues d'étendue.

Celle où nous fûmes invités était située près d'une ville appelée Maña, et se nommait la fazenda de São Jozé. Pour y arriver, il nous fallut d'abord traverser en bateau à vapeur cette admirable baie de Rio, toute parsemée d'îles charmantes, parmi lesquelles on remarque celle du Governador, et l'autre, nommée Paquetá, qui est un enchantement par sa luxuriante végétation, et émerge du milieu des eaux comme un immense bouquet de fleurs.

Nous mîmes trois heures à traverser la baie dans toute sa longueur, et je dois dire que les passagers que nous eûmes pour compagnons de route n'étaient pas la fine fleur des pois. Les uns, gros *vendeiros* (épiciers) portugais, retiraient leurs chaussures et se grattaient les pieds pendant le voyage ; d'autres s'étendaient sur les bancs, à moitié déshabillés, et ronflaient, sans souci de leurs compagnons de route ; des nègres sales et puants, chargés de paniers et de denrées de toute nature, encombraient le bateau, de sorte que nous fûmes très satisfaits de quitter cette charmante société en débarquant à la Piedade. C'était un triste port que celui-là, à cette époque ! Il ne s'y trouvait qu'une seule habitation, espèce de grand bâtiment, dont les immenses hangars servaient d'entrepôt aux denrées de la ville et de l'intérieur. Là s'arrêtent les *fazendeiros*, les *mascatos* (colporteurs) et les *tropeiros* (muletiers).

On y loue à tout ce monde des chambres dont les lits doivent être habités, je vous le jure, et on vous y donne à manger. Sous le *rancho* (1), sont rangés, pêle-mêle, mules, chevaux, moutons et porcs. C'était là que nos montures devaient nous attendre.

On me conduisit dans une chambre pour que j'y pusse, à l'aise, revêtir mon costume d'amazone. La saleté de ce lieu ne se peut décrire. Jamais, je crois, le balai ne l'avait visité ! Je ne savais où poser les vêtements que je quittais et ceux que j'allais mettre ; les chaises étaient couvertes de poussière, et les lits étaient encore plus sales ; de sorte que je tournai plus d'un quart d'heure avant de pouvoir me décider à m'habiller.

Je venais de passer, enfin, mon habit de cheval, quand le senhor P... vint nous prévenir que son page nous attendait avec nos

---

(1) Espèce d'abri pour les bestiaux, qui se compose d'un toit de feuillage appuyé le long du mur de l'habitation, et de rateliers pour les animaux.

montures. A ce nom de page, ma pensée évoque aussitôt l'image de Chérubin : je me représente un jeune et gentil garçon, au maillot de soie et au pourpoint de velours. Mais, hélas! au lieu de ce page idéal, je vois arriver un nègre aux grosses lèvres lippues, au nez épaté, à la laine de mouton pour chevelure, qu'on avait affublé d'une grande livrée rouge, dont les galons déteints disaient de reste les services, et qui avait dû, sans doute, figurer jadis au Théâtre-Français et, successivement, à tous les autres théâtres de Paris, avant de venir orner les épaules du pauvre Africain, qui portait avec cela un pantalon de grosse toile et d'énormes éperons d'argent, retenus par une courroie à ses vilains pieds nus ; tel était le page qui nous attendait (1). Je fus

---

(1) Je vis plus tard, à la fazenda, une chambre remplie de ballots de vieux costumes expédiés en Amérique, et avec lesquels beaucoup de fazendeiros habillaient leurs nègres.

prise, en le voyant, d'une envie de rire démesurée, que j'eus bien de la peine à contenir tout le temps du voyage, chaque fois que mes yeux se portaient sur son accoutrement, qui rappelait les élucubrations fantaisistes de Chicard.

Son maître le salua de ces mots : « O (1) senhor patifo! (ô monsieur l'imbécile!) ô burro! (ô âne!) » et cela dura, sur ce ton, pendant tout le temps qu'il harnacha les chevaux.

Enfin nous nous mîmes en route, moi à cheval, à côté do illustrissimo senhor fazendeiro ; mon mari ensuite, à côté de mon fils aîné, qui avait sept ans à peine, et, cependant, se tenait fort bien en selle.

La route, en quittant la Piedade, est

---

(1) Le O! (invocation), s'emploie toujours, au Brésil, pour appeler.

d'abord fort laide, presque sans végétation, pendant une demi-lieue environ. Les chevaux marchent dans du sable, ce qui semble prouver que la mer a dû, autrefois, couvrir toute cette partie du pays. Peu à peu, les arbres apparaissent, et enfin on côtoie une forêt vierge, où les cris des singes et des perroquets viennent vous rappeler que vous êtes au Brésil.

Nous avions à gravir, à chaque instant, de petites montagnes, par des chemins si étroits, qu'ayant rencontré d'autres cavaliers qui nous croisaient, nous dûmes, pour leur faire place, coller nos chevaux le long du rocher, et, qu'une autre fois, m'étant trouvée, au contraire, du côté du précipice, j'avoue que j'eus une certaine frayeur, car un seul mouvement de mon cheval m'eût précipitée dans le ravin. Tout le chemin n'est plus alors qu'un enchantement. On ne voit que lianes et plantes parasites, s'enchevêtrant dans les grands arbres. C'est un fouillis de feuilles, de fleurs, de fruits, plus charmant que tout ce que l'homme arrange ou plutôt dérange. Je ne me lassais pas d'admirer. Nous souffrions bien un peu de la chaleur; mais, au Brésil, il y a toujours de l'air qui vous ranime. Quand la brise de terre a fini de souffler, la brise de mer s'élève à son tour. On les appelle, dans le pays, l'une, le *terral*, et l'autre, la *viração*. C'est grâce à ces bienfaisantes brises que l'on parvient à supporter une chaleur de quarante degrés à l'ombre.

Avec quel plaisir je me souviens de mes courses à cheval, quand le vent soulevait mes cheveux et m'envoyait le parfum des magnolias et des orangers en fleurs! J'avoue que la nature m'a donné de grandes joies au Brésil, et que c'est toujours avec un immense sentiment de bonheur que je me suis trouvée à cheval, galopant au milieu de cette sauvage contrée.

Nous étions arrivés, après trois heures de route, à la fazenda São José; il était six heures du soir, et le soleil commençait à pâlir. Les bestiaux revenaient de tous côtés, ramenés par les *pastors* (bergers), et s'étaient tous groupés près des barrières qui entouraient l'habitation, attendant qu'on les leur ouvrît. Il nous fallait donc, pour entrer, traverser la *boiada*, c'est-à-dire un troupeau d'une centaine de bœufs, vaches et taureaux, qui nous barraient le passage. A la vue de toutes ces cornes menaçantes, je déclarai à mon hôte que je ne me sentais pas le courage d'avancer. Il me rassura en souriant, et me dit de le suivre sans crainte. Le suivre, c'est ce que je fis; mais, sans crainte, je n'oserais l'affirmer. Toutes ces bêtes beuglaient à l'envi autour de nous; mais le senhor P... m'assura que ce n'étaient là que des démonstrations de joie pour le retour de nos chevaux, leurs compagnons. Il appela le *pastor*, un petit *moleque* de onze ans à peu près, qui n'avait pour tout vêtement qu'un sac de grosse toile retenu autour de ses reins par une corde, et relevé par devant comme une sorte de caleçon. L'enfant rassembla ses bêtes, et nous pûmes enfin traverser la *boiada*, non sans un battement de cœur de ma part.

C'est une chose à laquelle je ne pus jamais m'habituer. Chaque fois qu'au départ ou à l'arrivée je me trouvai au milieu de toutes ces bêtes à cornes, ce fut toujours avec une certaine émotion (assez fondée, du reste); car, un jour où nous nous mettions en route, un taureau furieux s'élança vers le cheval que montait mon fils. Je poussai un cri, et le pastor, qui heureusement se trouvait là, lança aussitôt le laço sur le cou de la bête, qui s'arrêta court et tomba sur les genoux.

Rien de curieux comme de voir les nègres jeter le laço ; cela est fait avec une telle habileté, qu'on en demeure saisi. C'est de cette manière qu'on va prendre dans le pâturage les chevaux et les mules qu'on veut monter ; et, au retour, après leur avoir donné une poignée de maïs, on leur enlève la selle, et ils retournent au pré sans qu'on s'inquiète d'eux davantage, jusqu'au jour où leurs services sont de nouveau nécessaires. Ils n'ont de ration que le jour où on les monte.

La fazenda Sao José n'avait guère que cent-vingt nègres et négresses pour le service de l'exploitation. A peine eûmes-nous mis pied à terre, qu'on nous conduisit à nos chambres, où nous attendait un bain à la *cacháça* (eau-de-vie de mélasse), destiné à nous rendre nos forces. Le fazendeiro, en arrivant, avait changé complètement d'aspect ; sa figure, d'aimable qu'elle était pendant tout le voyage, était devenue tout à coup sévère et dure ; c'est à peine s'il dit bonjour, en arrivant, à une femme française qui tenait sa maison, et répondit aux esclaves de l'habitation qui se pressaient autour de lui pour lui demander sa bénédiction.

Notre bain pris, on sonna le dîner, et nous nous rendîmes dans une salle à manger, aux vieux murs noircis, ouverte sur une cour intérieure assez boueuse. Cette salle, longue et étroite, n'avait pour tous meubles qu'une grande table carrée, autour de laquelle des bancs de bois étaient rangés. Sur la table s'étalaient la *feijoāda* traditionnelle, des corbeilles remplies de farine de mandioca (manioc), un grand plat de riz cuit à l'eau, et deux poulets, ainsi que des bananes et des oranges.

C'est à peu près là toujours le dîner

brésilien dans l'intérieur, où la viande fraîche est chose rare.

Nous avions apporté de la ville du pain pour deux ou trois jours ; il fallait, après cela, nous en passer jusqu'au samedi suivant, jour où l'on envoyait un nègre à cheval à un petit pays nommé Santo-Aleixo, lequel possédait un boulanger qui voulait bien cuire une fois par semaine.

Le dîner fini, notre hôte fit appeler son feitor, un vieux nègre nommé Ventura, que je vois encore avec sa bonne face honnête et grave. Il arriva, escorté de deux autres grands noirs, qui étaient ses lieutenants ; tous trois n'avaient pour vêtement qu'une espèce de chemise grossière, mise par dessus leur pantalon de toile à voile. Sur leurs épaules étaient jetées des espèces de loques, qui avaient dû être des manteaux ou des paletots dans des temps reculés. Ils roulaient dans une main leur chapeau de grosse paille, tandis que l'autre était ornée d'un long bâton ferré, et que Ventura tenait la *chicote* (fouet), insigne de son commandement. En plus, chacun d'eux portait au côté un immense coutelas, espèce de petit sabre, dont les esclaves se servent pour couper la canne et se frayer des routes dans les bois. Ils se plantèrent tous trois debout devant leur maître, dans un angle de la salle, qui était à peine éclairée par deux chandelles, brûlant dans des vitrines placées sur de grands chandeliers d'argent. Cette scène est restée présente à ma mémoire dans ses moindres détails, car, pour une Parisienne, elle ne manquait pas d'étrangeté.

Voici alors les questions qui furent posées par le maître, d'un ton bref et dur, et les réponses des esclaves, prononcées d'un air humble et craintif :

— Qu'a-t-on planté cette semaine ?

— Du riz, senhor.

— A-t-on commencé à couper la canne ?

— Oui, maître ; mais le *rio* (la rivière) a débordé, et il nous faut refaire les canaux.

— Envoie là vingt nègres demain matin. Quoi de plus ?

— Henriques a fui.

— Le *cachorro !* (le chien). L'a-t-on rattrapé ?

— Sim, senhor, il est au *tronco* (aux fers).

— Qu'on lui applique vingt coups de chicote et qu'on lui mette le carcan au cou.

— Sim, senhor. Une troupe de *porcos do mato* (sangliers) ravage toutes les plantations de batatas, et une *onça* (un jaguar) a été vue hier près du torrent ; il nous faudrait des fusils.

— On vous en donnera trois ce soir. Est-ce tout ?

— Sim, senhor.

— L'*engenho* (moulin pour faire la farine de manioc et le sucre) commencera à travailler demain. Est-il en état ?

— Sim, senhor.

— C'est bien. Appelle les noirs maintenant pour la prière.

Nous nous dirigeâmes tous alors vers le salon, pièce ordinairement placée au milieu de la maison, n'ayant pour l'éclairer que trois grandes portes donnant sur la varanda, qui est en quelque sorte le vrai salon des pays chauds. Le feitor agita une grosse cloche, puis cria d'une voix formidable : *Salta para a resa !* (dépêchez pour la prière).

La nuit était presque complète. Les bœufs et les chevaux étaient couchés dans les prés, devant l'habitation, et tout autour, rangées en cercle, se trouvaient les *sanzales* (chaumières) des nègres, au nombre de soixante-dix à peu près.

A l'appel du feitor, on vit se dresser dans l'ombre des espèces de fantômes; chacun sortait de sa pauvre sanzale, espèce de hutte faite de terre et de boue, avec des feuilles sèches de bananier pour toiture, triste abri où l'eau pénètre quand il pleut, où le vent souffle de toute part, et d'où sort une atroce fumée à l'heure où le noir y fait chauffer son souper, car la sanzale n'a ni cheminée ni fenêtre, de sorte que le feu s'y fait avec un fagot, souvent vert, allumé au milieu de la chambre. Les noirs traversèrent le pré et montèrent un à un les deux escaliers de la varanda, où l'on avait ouvert une espèce d'armoire, formant autel dans un des coins. C'est là que les misères de l'esclavage m'apparurent dans toute leur hideur. Des négresses couvertes de haillons, d'autres demi-nues, n'ayant pour vêtement qu'un mouchoir attaché derrière le cou et sous les seins, qui voilait à peine leur gorge, et une jupe d'indienne, dont les déchirures laissaient voir leur pauvre corps décharné ; des nègres au regard fauve ou hébété vinrent se mettre à genoux sur les dalles de la varanda. La plupart portaient sur les épaules la marque des cicatrices que la chicote y avaient imprimées ; plusieurs étaient affectés d'horribles maladies, telles que l'éléphantiasis ou la lèpre. Tout cela était sale, repoussant, hideux. La crainte ou la haine, voilà ce qui se lisait sur toutes ces figures, que je n'ai jamais vues sourire.

On alluma quatre cierges, et les deux feitors en sous ordre se placèrent sur les marches de l'autel, où le Christ apparaissait au milieu de quatre vases. C'étaient les deux noirs qui dirigeaient l'office à leur façon ; ils avaient retenu quelques bribes du latin qu'un chapelain, jadis attaché à la fazenda, leur récitait alors, et en avaient composé un autre des plus pittoresques, qui servait d'exorde aux litanies des saints Après le *Kyrie eleison*, ils commencèrent à chanter à l'unisson : *Santa Maria, mai de Deos, ora pro nobis!* Puis suivirent tous les saints du paradis, auxquels même ils avaient cru devoir ajouter celui-ci : *Santo Pé de cana, ora pro nobis!*

(saint Pied de canne à sucre, priez pour nous). Enfin, leur chant se termina par ce cri déchirant, qu'ils jetèrent tous en se prosternant la face contre terre : *Miserere nobis!* Ce cri me remua jusqu'au fond des entrailles, et des larmes coulèrent silencieusement de mes yeux, tandis qu'après la prière les noirs défilaient un à un devant nous en nous demandant la bénédiction, à quoi chacun des blancs doit répondre : « Je te bénis. »

La prière se faisait tous les samedis soirs; je ne pus jamais l'entendre sans en demeurer profondément impressionnée. L'aspect de ces misères et de ces souffrances, et ce cri de désespoir qui me semblait monter jusqu'à Dieu, tout cela était saisissant et d'une horrible beauté, même au point de vue artistique.

Le lendemain, des scènes non moins

tristes m'attendaient. Ayant été éveillée à quatre heures du matin par la grosse cloche de la varanda, que le feitor agitait pour le lever des noirs, je voulus assister à ce spectacle, et sautai à bas de mon lit.

Le jour venait à peine de poindre à l'horizon, une teinte douce et mélancolique enveloppait le paysage. Du sommet de la montagne, derrière la fazenda, une magnifique cascade déroulait ses nappes d'eau argentée, et cette montagne était couverte de bois vierges, où les fruits et les fleurs s'enchevêtraient dans un fouillis charmant. De l'autre côté, devant l'habitation, s'étendaient d'immenses pâturages, où plus de cent têtes de bétail étaient rassemblées. Les bœufs dormaient encore.

Quelques nègres commencèrent à sortir des sanzales. Quand l'un d'entre eux tardait à paraître, le vieux Ventura agitait

son énorme fouet en criant : « *O patife !
pura para fora !* (ô vaurien ! dehors !)

Alors trois bandes se formèrent d'à peu près vingt-cinq nègres et négresses chacune ; l'une était sous la conduite de Ventura, et prit le chemin du *matto* (bois) ; la seconde se dirigea vers les plantations avec un des feitors en sous-ordre, et la troisième, conduisant de grands chariots aux immenses roues de bois plein, attelés de quatre bœufs, s'apprêta à aller couper la canne, que les chariots devaient rapporter. Un des petits pastors, à son tour, rassembla toutes les bêtes à cornes, le second le suivit avec le troupeau de moutons, les barrières s'ouvrirent, et tout ce bétail humain partit avec l'autre pour le travail.

Quatre vaches laitières furent seules laissées pour les besoins de l'habitation, et on nous servit, à six heures, un bol de lait comme je n'en ai bu nulle part, à cause du parfum exquis que lui donnent les goyaves, les pitangas, les mangas, et surtout les plantes aromatiques, dont les vaches sont très friandes, et dont elles se nourrissent dans les bois. Voilà ce que les animaux de nos pays ne connaissent pas. Quand, parfois, on les met en liberté dans nos pâturages, à peine y trouvent-ils un peu d'herbe; tandis que rien n'est si curieux que de voir, au Brésil, une vache cueillir un fruit à l'arbre, dont elle fait ployer les branches. Maintes fois, dans nos promenades à cheval, nous en avons rencontré dans cette occupation, tandis que les cavales et les poulains en liberté se poursuivaient dans la campagne en faisant les bonds les plus gracieux.

Le *moleque* le mieux portant de la fazenda est, sans contredit, le *vaqueiro* (vacher), parce qu'il ne s'oublie pas et trait les vaches pour son propre compte, loin de l'œil du feitor. Aussi est-il arrivé quelquefois qu'avec quatre vaches, à peine avait-on le lait nécessaire aux besoins de l'habitation, les nègres s'en étant adjugé un peu trop, et le vaqueiro fut puni. Cependant, lorsqu'on voyait la nourriture donnée à ces pauvres malheureux, on ne pouvait guère les blâmer de tâcher d'y suppléer de leur mieux.

A neuf heures, la cloche se fit entendre de nouveau : c'était le déjeuner des nègres qu'on sonnait, et j'eus la curiosité d'assister à la distribution des rations.

Il y a toujours deux cuisinières dans une fazenda, celle des blancs et celle des noirs, de même qu'il y a deux cuisines. Je me rendis à la salle enfumée qui servait de cuisine aux noirs, et là je vis deux négresses ayant devant elles deux immenses chaudrons, dont l'un contenait des feijões et l'autre de l'*angù* (pâte faite de farine de manioc et d'eau bouillante). Chaque esclave arrivait bientôt, sa calebasse à la main ; la cuisinière y versait une grande cuillerée de feijões en y ajoutant uu petit morceau de *carne secca* de la plus basse qualité, ainsi qu'un peu de farine de manioc pour saupoudrer le tout ; l'autre distribuait l'*angù* aux vieillards et aux enfants. Les pauvres esclaves s'en allaient avec cela, murmurant tout bas que la viande était pourrie ou qu'il n'y en avait pas assez. Nos chiens n'eussent certes pas voulu de cette nourriture. De petits noirs de trois à quatre ans, entièrement nus, s'en revenaient avec leurs rations de feijões, que leurs frêles estomacs pouvaient à peine digérer ; aussi avaient-ils presque tous de gros ventres, d'énormes têtes, les jambes et les bras grêles, enfin tous les signes du rachitisme. C'était pitié que de les voir, et je n'ai jamais compris qu'au point de vue de la spéculation même, les négociants de chair humaine ne soignassent pas mieux leur marchandise. Heureusement, on m'a assuré qu'il n'en était pas de même partout, et que dans plusieurs fazendas les esclaves étaient très bien traités. Je veux le croire ; pour moi, je dis ce que j'ai vu.

Quand une négresse est sur le point d'accoucher, on la prend dans l'habitation, où elle est soignée par une vieille, qui remplit, dans chaque fazenda, l'office de sage-femme. J'ai assisté plusieurs fois à l'accouchement de ces malheureuses. Il ne faut pas croire qu'élevées à la dure, comme elles le sont, elles aient plus de courage dans ces moments-là que nous autres blanches: point du tout. Elles appellent tout le temps *Nossa Senhora* à leur secours, et crient à chaque instant : « Ah ! je meurs ! Ah ! Jésus ! assistez-moi ! » Je me suis demandé plus d'une fois comment il se faisait que ces créatures, exposées à toutes les intempéries de la saison, qui recevaient des coups de fouet et souffraient toutes les privations, se montrassent si faibles devant les douleurs de la maternité. Voici ce que je me suis répondu : Quand nous mettons un enfant au monde, ce qui nous soutient dans nos douleurs, c'est l'idée de ce petit être que nous allons bientôt presser sur notre cœur, que nous aimerons, que nous élèverons ; mais ces pauvres esclaves, où peuvent-elles puiser du courage pour relever leur moral ? Elles songent que l'enfant qui va naître d'elles est destiné à l'esclavage aussi, qu'il leur sera enlevé peu après sa naissance, qu'elles le verront souffrir de toute façon. Cela leur est bien égal qu'il vive ou qu'il meure ; elles n'appellent pas sa venue, et beaucoup, au contraire, lui souhaitent la mort. Voilà ce que produit l'esclavage. Béni soit celui qui l'a fait cesser !

La négresse accouchée, on lui donnait un peu de bouillon de poule et du riz pendant une semaine ; au bout de trois jours, il lui fallait reprendre le service dans l'habitation en allaitant son enfant, et, après trois semaines, on la renvoyait aux rudes travaux de culture, tandis que son petit négrillon était confié, pendant ce temps, à de vieilles négresses impotentes ou à des enfants de six à sept ans, qui lui fourraient pour nourriture une espèce de bouillie faite avec de l'amidon et de l'eau. Tous ces négrillons et négrillonnes vivaient pêle-mêle dans la cuisine ou dans la cour de l'habitation, entièrement nus ; ils dormaient sept ou huit par chambrée, sur des nattes posées sur des espèces de lits de camp, dans des chambres dont l'air ne se renouvelait que par une porte ouverte sur un sale corridor, et vivaient là dans une pourriture dont on ne peut se faire une idée. Les émanations de ces chambres étaient nauséabondes ; j'allais cependant tous les jours voir ces pauvres petits, que je lavais et promenais quelquefois. Quand ces enfants commençaient à marcher, on les voyait dans la cour, les pieds dans la boue, la tête sous un soleil brûlant, accroupis quelquefois dans d'énormes flaques d'eau, sans que personne s'en souciât. S'ils criaient par trop et empêchaient leurs mères de travailler, il n'était pas rare de voir ces créatures dépravées enseigner le vice à leurs enfants pour les faire tenir tranquilles et les endormir. Quel affreux spectacle que celui de cette misère morale et physique ! Le cœur se soulève devant de tels tableaux.

Presque toujours, les négresses de l'habitation sont choisies parmi les plus jolies, et ce sont elles qui donnent le jour à des mulâtres ; il faut voir leur orgueil, alors ! Le mulâtre est servi avant les autres, plus choyé et mieux vêtu. J'ai entendu quelques-unes des négresses qui leur avaient donné le jour dire à la cuisinière : « *Mon mulâtre* ne peut pas manger cela ». en refusant la ration des nègres, car d'habitude ils mangent les débris de la table des blancs, qu'ils servent presque toujours en qualité de *copeiros* (celui qui sert à table et verse à boire) ou de *criados graves* (valets de chambre). Ils sont presque toujours attachés au service des fils de la maison, dont ils sont bien souvent les frères. Quoique les négresses tirent vanité de leur naissance, elles sont cependant méprisées généralement par les noirs de *nação* (comme on appelle ceux qui ne sont pas nés au Brésil et dans l'esclavage) pour avoir eu commerce avec un blanc.

Un jour que je me promenais un peu loin dans les plantations, je fus accostée par une toute jeune négresse, qui vint me demander d'intercéder auprès de son maître pour lui faire enlever la chaîne qu'elle portait. En disant cela, elle releva un peu sa jupe de grosse toile et me montra un anneau rivé à sa cheville, auquel était attachée une lourde chaîne prise dans sa ceinture. Voici alors la conversation que j'eus avec elle. Je l'ai écrite textuellement aussitôt.

— Je veux bien, dis-je à la pauvre esclave, demander ta grâce ; mais quelle mauvaise action as-tu commise pour avoir mérité ce châtiment ; as-tu volé ?

— Non, senhora ; j'ai fui.

— Et pourquoi as-tu fui ?

— Parce que l'esclave doit fuir l'esclavage toujours.

— Si on t'ôte ta chaîne, alors tu fuiras de nouveau ?

— Non, car je vois que le blanc est toujours plus fort que nous et que je serai reprise et martyrisée. Cette chaîne me brise le corps.

— Ainsi, tu me promets, si j'obtiens ta grâce, de ne plus essayer de fuir ?

— Je le promets, répondit la pauvre Africaine d'une voix sourde.

— Quel âge as-tu ?

— Je ne sais pas.

— Comment ! plus ou moins, tu ne connais pas ton âge ?

— Non.

— Y a-t-il longtemps que tu as été amenée au Brésil ?

— Les cannes ont été coupées cinq fois depuis.

— Te souviens-tu de ton pays ?

— Toujours ! répondit-elle avec un accent sauvage et passionné.

— Tu ne travaillais pas, dans ta terre natale ?

— Non. Quand j'avais broyé le riz pour les repas, je dansais et chantais le reste du jour.

— Te souviens-tu des danses de ton pays ?

— Si je m'en souviens ! Toutes les nuits,

quand les feitors dorment, nous nous relevons et dansons nos danses jusqu'au jour.

— Et si on t'achetait pour te rendre libre, tu retournerais en Afrique?

— Oui, si je peux trouver le chemin, car il faut traverser beaucoup d'eau pour y arriver.

— Espère, mon enfant. Tu auras des jours meilleurs.

Je rentrai ce jour-là toute triste et n'eus pas de peine à obtenir le pardon de la jeune négresse, car un Brésilien ne refuse jamais une grâce demandée pour un esclave, à plus forte raison quand c'est une femme qui la demande et que cette femme est *madrinha* (marraine) d'un de ses enfants, le titre de compère et de commère étant presque un lien de parenté au Brésil. Aussi, quand je partis faire un voyage d'un an en France, le senhor P..., qui nous accompagnait à bord, me demanda-t-il ce qu'il pouvait faire pour être agréable à sa *comadre* :

— Ne plus frapper vos esclaves, lui répondis-je.

Il me le promit, et pendant un an tint religieusement sa promesse. Seulement, il me pria, au retour, de ne plus lui demander semblable chose, parce que ses esclaves seraient perdus à tout jamais.

Parmi toutes mes courses à cheval dans l'intérieur du pays, l'une est restée gravée dans mon souvenir. Notre ami le fasendeiro P... voulut un jour nous conduire à une filature de coton qu'un Américain du Nord venait d'installer dans un petit endroit appelé Santo Aleixo, distant de la fazenda Sao José de deux lieues à peine. C'était pour les Brésiliens une chose toute nouvelle qu'une fabrique dans leur pays, et cela leur semblait très curieux. Moi, la fabrique ne m'intéressait guère, mais l'excursion à travers bois me ravissait.

Nous nous mîmes en route à huit heures du matin, moi montant un cheval qu'on appelait le cheval de la senhora, et qui n'avait qu'un léger défaut, celui de vouloir se débarrasser de celle qui le montait quand il se sentait une longue jupe de femme au flanc, de sorte que lorsqu'il passait près d'un ravin, il faisait un petit mouvement de côté, qui avait pour but de désarçonner l'amazone, si elle n'était pas ferme en selle. Comme je lui connaissais cette petite manie, j'avais coutume de le tenir en bride assez fortement dans ces occasions délicates, ce que voyant, il perdait de jour en jour son idée folâtre, et nous étions les meilleurs amis du monde.

Mon mari, lui, montait un grand cheval rouge appelé le cheval *da cidade* (de la ville); pourquoi? je l'ignore. Ce cheval avait le trot d'une dureté telle qu'on ne le donnait jamais à une femme. Quant au fazendeiro, il avait toujours une mule à robe grise, sur laquelle il paraissait être comme dans son fauteuil. Tenant de la main droite un large parapluie pour s'abriter du soleil, c'est à peine si de sa main gauche il daignait soutenir les rênes. Enfin, mon fils venait, lui, sur un petit poney dont on lui avait fait présent, solide sur sa selle comme pas un de nous, et supportant six heures de cheval sans broncher.

Nous eûmes d'abord à traverser un bois où des myriades d'oiseaux s'envolaient à notre approche, et où les singes faisaient entendre leurs cris stridents. Quel enchantement que cette route!... Le senhor P... me cria pourtant tout à coup :

— Arrêtez votre cheval ! un serpent traverse la route.

En effet, nous vîmes un tout petit serpent, aux reflets rouges chatoyants, qui se chauffait au soleil et s'enfuit au bruit de nos montures.

— Il n'a pas l'air bien méchant, votre petit serpent, dis-je à mon hôte.

— C'est le serpent corail, répondit-il, un de ceux dont la morsure est le plus dangereuse.

Nous continuâmes notre chemin et arrivâmes enfin devant une petite rivière.

— Nous allons la traverser, dit notre hôte.

— Comment? lui répondis-je ; je ne vois pas de pont.

— Mais tout simplement sur nos chevaux ; ramassez bien votre jupe d'amazone, relevez votre jambe gauche sur votre selle, à la façon des tailleurs, rendez les guides à votre cheval, ne vous effrayez pas et suivez ma mule, qui va chercher son passage.

Cela fut fait ainsi, nos chevaux commencèrent à entrer dans l'eau jusqu'au ventre, puis jusqu'au poitrail, et enfin, à un moment, ils n'eurent plus pied et nagèrent quelques secondes avec leurs cavaliers sur le dos.

Je n'étais pas très rassurée. Les chevaux, pour couper le courant, qui était très rapide à un certain endroit, s'en allaient toujours de côté, et il me semblait que la rive opposée fuyait au lieu de se rapprocher de nous. Cela dura peut-être six minutes au plus; pourtant cela me sembla long, mais j'en ai gardé un charmant souvenir. Cette petite rivière, bordée de plantes et d'arbres de toute espèce, avec son eau limpide et courante, ce ciel d'un si beau bleu, et ce soleil ardent sur nos têtes; au milieu de tout cela, notre petite caravane traversant le Rio à cheval.. je revois tout, et suis heureuse d'avoir passé par ces petites émotions, et d'avoir contemplé de si splendides paysages.

Le senhor P... nous ayant priés, mon mari et moi, d'être parrain et marraine de son dernier enfant, cela donna lieu, après la cérémonie du baptême, qui fut faite par un chapelain des environs, à une fête étrange, que je vais essayer de décrire.

Nous désirâmes que les pauvres esclaves prissent leur part des joies de ce jour ; et leur maître nous permit de leur payer un petit baril de *cachaça*, les autorisant après cela, à ma prière, à danser le soir sur le pré. C'était un jour de répit à leurs peines. Je vous laisse à penser s'ils furent joyeux et vinrent nous remercier !

Le feitor fit alors la distribution de la cachaça, ne donnant à chacun qu'un petit verre à la fois, et le *batuco* (danse des nègres, accompagnée de battements de mains) commença. Je voudrais pouvoir donner à mes lecteurs une idée de cette étrange scène et de cette danse sauvage... Essayons.

De grands feux avaient été allumés au

milieu du pré. Un noir d'une haute stature, jadis roi dans son pays, apparut bientôt, armé d'une longue baguette blanche, signe apparent, pour eux, du commandement. Sa tête était ornée de plumes de toutes couleurs, et des grelots s'attachaient autour de ses jambes. Chacun s'inclina devant lui avec respect, tandis qu'il se promenait gravement, ainsi accoutré, plein d'une suprême majesté. Auprès du roi se tenaient les deux musiciens qui devaient conduire le batuco; l'un tenait une espèce d'énorme calebasse qui en contenait six ou sept de différentes grandeurs, sur lesquelles était posée une planchette très fine. A l'aide de petites baguettes, qu'il manœuvrait avec une grande dextérité, le nègre obtenait des sons sourds, dont la monotonie semblait plutôt devoir provoquer le sommeil qu'autre chose. Le second musicien, accroupi sur ses talons, avait devant lui un morceau de tronc d'arbre creusé, sur lequel une peau de mouton séchée était étendue. Il frappait de temps à autre mélancoliquement sur ce tambour primitif pour renforcer le chant. Trois ou quatre groupes de danseurs vinrent bientôt se mettre au milieu du cercle que formaient tous leurs compagnons; les négresses marchaient en cadence, en s'éventant de leur mouchoir et en se livrant à un mouvement de hanches des plus accentués, tandis que leurs cavaliers noirs tournaient autour d'elles, sautant sur un pied avec les plus grotesques contorsions, et que le vieux musicien s'en allait de l'un à l'autre groupe, parlant et chantant tout en agitant ses baguettes avec frénésie; il semblait par ses paroles vouloir les exciter à la danse et à l'amour, pendant que les assistants accompagnaient le batuco d'un battement de mains qui en accentuait le rythme d'une façon étrange, et que le roi se promenait gravement en agitant ses grelots.

Les nègres ruisselaient, et le musicien ne cessait cependant de courir de l'un à l'autre en les animant toujours davantage. La danse en était arrivée à un degré de surexcitation inouï, lorsque, tout à coup, on entendit crier de l'habitation : « Feitor ! » qu'on éteigne les feux, que tout bruit » cesse, et que les noirs regagnent leurs » sanzales. »

Il y eut quelques murmures parmi les pauvres esclaves; mais le feitor, armé du fouet et suivi de ses deux acolytes, eut bientôt fait rentrer tout dans l'ordre.

Ne sachant à quoi attribuer ce trouble subit dans la fête, je remontai en toute hâte à l'habitation, où je trouvai le fazendeiro tout pâle, ayant barricadé portes et fenêtres autour de lui. Il me sembla en proie à une certaine émotion, dont je lui demandai la cause. Il m'apprit alors que, tandis que ses camarades dansaient, un nègre était entré dans la maison, la figure animée par la boisson, en vociférant des menaces contre son maître, qui l'avait fait prendre aussitôt, mais qui avait compris que si ses noirs s'exaltaient davantage par la cachaça et la danse de leur pays, sa vie était peut-être en danger.

Nous n'étions, en fait de blancs, à l'habitation, que le senhor P..., mon mari, moi et une espèce de femme de charge, qui tenait le milieu entre la maîtresse de la maison et la servante. Qu'eussions-nous fait contre cent-vingt nègres révoltés? Moi, jeune femme sans expérience alors, qui avais la conscience de n'avoir jamais fait que du bien à tous ces malheureux, je ne compris pas le danger et ne pus m'empêcher de rire de la figure effarée du fazendeiro. Plus tard, en y réfléchissant, je trouvai sa terreur justifiée.

Ces danses du pays natal exaltent à tel point les pauvres esclaves, qu'on a dû, dans la ville, les leur interdire. Malgré tout, cependant, elles ont lieu. Au risque d'être frappés cruellement, les noirs s'en vont, la nuit, à l'heure où les blancs dorment, danser sur la plage, au clair de la lune. Ils se réunissent par groupes de même nation, soit Congo, soit Mozambique, soit Minas; alors, en dansant et en chantant, ils oublient leurs maux et leur servitude, et ne se souviennent plus que du pays natal et du temps où ils étaient libres.

Il m'est arrivé quelquefois, ayant besoin des services de ma *mucama* (femme de chambre), la nuit, de la chercher inutilement par toute la maison. Elle était allée rejoindre ses frères à la danse. Nos portes, cependant, étaient soigneusement fermées. Peu lui importait; elle passait par la fenêtre.

MA NÉGRESSE ROMANA

Un des types les plus étranges de la fazenda était assurément le *feiticeiro* (sorcier). Voici comment je fis sa connaissance.

J'étais, un matin, assise dans la varanda, perdue dans ce vague de la pensée où vous plongent de vastes horizons, lorsque je vis revenir du bois un des chariots qui d'habitude ne rentraient qu'au déclin du jour. Je m'en étonnai d'autant plus qu'il était vide et n'avait pour tout chargement que deux nègres, dont l'un était le feitor :

— O Ventura! lui cria aussitôt notre hôte, pourquoi reviens-tu avec Luiz?

— Senhor, Luiz a été mordu par un serpent en coupant la canne, et il vomit le sang.

— A-t-on prévenu le feiticeiro?

— Sim, senhor ; le voilà qui vient.

En effet, nous vîmes bientôt apparaître un nègre de très haute taille, aux cheveux crépus et blancs, qui avait, disait-on, plus de quatre-vingt-dix ans, et qui pourtant se tenait encore ferme et droit. Il était drapé dans une couverture rayée, portait une espèce de besace pendue au côté et tenait un bâton à la main. Sa figure était grave et pensive.

Il alla droit à l'infirmerie où l'on avait mis le nègre malade, s'enferma avec lui, lui fit boire une infusion de plantes dont lui seul avait le secret, et affirma qu'il guérirait le nègre, à la condition toutefois qu'il n'entrerait aucune femme pendant sept jours dans la chambre de celui qu'il soignait ; sans cela, il ne répondait de rien, disait-il. On eut donc soin de n'envoyer la nourriture au nègre que par des hommes ;

on suivit à la lettre les prescriptions du feiticeiro, et le noir fut parfaitement guéri.

Je voulus alors causer avec le vieux sorcier ; et, après lui avoir donné quelques sous pour son café et son sucre, je lui demandai quelles plantes il avait employées pour guérir la morsure du *jararaca*, un des plus mauvais serpents du Brésil.

— C'est mon secret, dit-il.

— Pourquoi ne le donnes-tu pas aux autres ?

— Je les soigne quand ils sont malades, c'est assez.

— Mais lorsque tu mourras ?

— Tant pis pour eux ; s'ils étaient bons pour moi, je leur dirais bien des secrets que je sais, mais ils me fuient, et enseignent à leurs enfants à me craindre. J'emporterai mes secrets avec moi.

Voilà tout ce que j'en pus tirer. Il fut encore appelé une autre fois pour un bœuf qui avait une *bicharia* (1) (une poche pleine de vers). Le *feiticeiro* s'approcha du bœuf, qui était couché, lui appliqua sans doute aussi quelque plante pilée sur l'endroit malade : la poche de vers tomba presque instantanément, et l'animal fut guéri. Alors il n'y eut pas un nègre de la fazenda qui ne répétât que le *feiticeiro* n'avait eu besoin que de réciter quelques paroles magiques, et qu'aussitôt la guérison avait eu lieu.

Le vieux noir avait raison : pour prix de sa science, il ne recueillait que l'ingratitude et l'abandon ; tous le fuyaient en se signant presque, et les molèques se serraient les

---

(1) Dans le pays, on dit *bicheira*, mais ce mot ne se trouve pas dans les dictionnaires.

uns contre les autres quand il passait, en se disant à l'oreille : « *Toma sentido! o feiticeiro!* » (Prends garde, voilà le sorcier !)

Quant à moi, c'était toujours avec plaisir que je causais avec lui, et je regrette bien aujourd'hui de n'avoir pas écrit ces conversations originales, si naïves et si instructives tout à la fois : car le vieux noir, qui avait vu le règne de Dom Joaõ VI, savait bien des choses, quoiqu'il n'eut appris ni à lire ni à écrire. C'était dans le grand livre de la nature qu'il avait étudié. Qu'est-il devenu? Il est mort, sans doute, tout seul dans un coin de la forêt, emportant avec lui toute sa science recueillie avec tant de peine en quatre-vingt-six ans d'existence.

A propos des serpents, je me souviens aussi d'une aventure qui courut tout Rio à cette époque.

Un des plus riches agents de change du pays conta un jour à la Bourse ce qui venait de lui arriver.

Depuis quelque temps, sa petite fille, âgée de trois ans, qui dormait dans la chambre à côté de ses parents, s'éveillait la nuit en criant, et lorsqu'on l'interrogeait sur la cause de ses larmes : « *O bicho !* criait-elle ; *o bicho !* » (la bête). On crut à des cauchemars ; mais l'enfant pâlissait et disait de temps en temps : « *O bicho é frio, frio !* » On finit par s'inquiéter de cette persistance de l'enfant à parler du *bicho*, et une nuit, le père, armé d'un pistolet, se mit en faction, sans lumière, auprès du lit de l'enfant. Vers minuit, la petite s'agita, et le père aperçut un serpent de la plus mauvaise espèce couché près de son enfant. Il fallait ne pas l'effrayer pour qu'il ne piquât pas la pauvre petite. Le père enleva le bébé rapidement, et tua le serpent presque à bout portant. Depuis, l'enfant reprit ses belles couleurs et ne dit plus : « *Elle est froide, la bête !* »

Quand je revins pour la seconde fois, quatre ans plus tard, à la fazenda de Saõ José, notre hôte ne nous escortait pas, et nous nous mîmes en route avec nos deux enfants, Paul et Maurice, dont l'un avait alors douze ans, et le second comptait seize mois à peine ; je le nourrissais encore. Nous le tenions à tour de rôle sur notre selle, mon mari et moi, et, le plus souvent, c'était notre mulâtre Fernando (un type des plus réussis, qui jouait de la guitare et se parfumait de la tête aux pieds d'eau de Cologne, quand il était appelé pour mon service), qui le portait sur son épaule en nous suivant à pied. A cause de cela, notre marche fut très lente ; et, quand le jour commença à tomber, le *page* nous déclara que nous étions encore à trois heures au moins de la fazenda, et qu'il nous fallait traverser, pour y arriver, une espèce de marécage fort dangereux de nuit.

Je pensai alors aux serpents, aux *onças*, et m'effrayai de me trouver en route, la nuit, avec mes deux enfants. Je dis à mon mari qu'il me semblait imprudent de continuer notre voyage dans ces conditions, et que, quant à moi, j'étais décidée à descendre dans un *rancho* (espèce d'abri avec un toit et un ratelier pour les animaux), plutôt que d'exposer mes fils à tant de dangers. Le *page* m'apprit alors qu'en nous écartant un peu de notre route, nous rencontrerions, à une demi-heure de là, une fazenda où nous pourrions passer la nuit, probablement. J'accueillis cette idée avec empressement. Nous pressâmes un peu nos montures, et, peu après. en effet, nous arrivions à la fazenda de la viscondessa de P... G... Il était temps, car l'obscurité nous enveloppait déjà de toute part.

Arrivés à l'entrée de la fazenda, nous demandâmes à parler au *feitor*, qui était un blanc, auquel on donnait plutôt le nom d'*administrador*.

Celui-ci arriva bientôt, et nous lui dîmes notre embarras, en lui demandant l'hospitalité pour la nuit. Il s'empressa de nous l'accorder au nom de ses maîtres, qui, depuis des années, n'habitaient pas leur fazenda. Nous mîmes donc pied à terre après l'avoir remercié de bien bon cœur. Il donna l'ordre alors d'apprêter pour nous la chambre d'honneur, où j'eus enfin la joie de voir mes deux fils endormis chacun dans un lit, au lieu d'être exposés, dans la forêt, à toute sorte de dangers.

Le senhor administrador, qui avait une

teinture de lettres, charmé de voir des étrangers qui lui apportaient des nouvelles de la ville, vint converser avec nous, tandis que nous mangions nos provisions de route ; puis, vers onze heures, il nous laissa.

Les portes de notre chambre donnaient sur une varanda qui faisait le tour de l'habitation, et elles étaient restées ouvertes. Je fut tout étonnée, en me retournant, de les voir envahies par de grandes et belles mulâtresses (1), qui passaient et repassaient devant notre chambre, drapées pittoresquement dans leurs pagnes bariolés, en me jetant de sombres regards, tandis qu'elles en lançaient d'une autre sorte à mon mari. Elles avaient l'air de me mettre au défi de rivaliser avec elles, et je lisais clairement dans leurs yeux insolents : « Tu

---

(1) Voir aux gravures.

» as beau être une blanche et une senhora,
» nous te prendrons ton mari, et cette
» nuit ne se passera pas, sans que l'une
» de nous te l'ait enlevé. » Et moi, je les regardais tranquillement avec un sourire un peu ironique, qui leur disait : « Vous vous trompez. »

Elles causaient et riaient, faisant tous leurs efforts pour fixer l'attention du senhor francez et l'attirer dehors.

Cette scène étrange est restée gravée dans mon souvenir. L'audace de ces créatures me passait.

Le lendemain, j'en eus l'explication. Pour le moment, je me bornai à leur fermer aux nez portes et fenêtres, et je me couchai.

J'avais demandé à la négresse qui était

venue faire le service de ma chambre, si elle pourrait me procurer une veilleuse pour la nuit. C'était là une chose tout à fait inconnue à la fazenda, où l'huile à brûler n'était jamais entrée. Ce qu'on m'apporta pour y suppléer fut une espèce de torche en résine, dont la fumée nous eût suffoqués si nous n'eussions tenu les portes intérieures de l'appartement grandes ouvertes.

Cette torche, toute infecte qu'elle était, ne laissa pas de me rendre un grand service; car, à peine m'étais-je mise au lit, accablée de lassitude, que j'entendis un petit trottinement de par la chambre. « Ce sont des souris, me dis-je, en les effrayant un peu, elles vont s'en aller »; et je frappai sur le mur et contre mon lit, espérant ainsi en être délivrée. Ah! bien oui! au moment où je reposais ma tête sur l'oreiller, le bruit redoublait, et je vous laisse à penser ce que je devins quand je vis, non pas des souris, mais d'énormes rats (de la taille de petits chats à peu près), ornés de longues moustaches, qui traversaient notre chambre par bandes de huit ou dix, pour aller grignotter les restes de notre souper.

J'éveillai mon mari pour lui conter ma frayeur. « Que veux-tu ? me répondit-il, » à moitié endormi, cette chambre n'est » pas habitée depuis longtemps, la volaille » et le pâté ont attiré ici tous les rats de » l'habitation. Qu'y faire ? Tâche de n'y » pas penser et de t'endormir. »

M'endormir au milieu de ces affreuses bêtes ! je n'y songeai même pas ; je craignais qu'elles ne montassent dans nos lits et ne mordissent mes enfants ; de sorte que je passai la nuit entière assise sur mon lit, frappant pour les effrayer chaque fois que je les voyais se diriger vers nous.

Voici de quelle façon je me reposai après une journée de grande fatigue.

Ce n'est qu'au petit jour qu'ils voulurent bien s'en aller et me laisser reposer une heure à peine ; car, à cinq heures, nous étions tous sur pied pour éviter la grande chaleur.

J'avais remarqué, la veille au soir, une jeune femme, blanche ou plutôt jaune, aux grands yeux cerclés de noir, aux cheveux mal peignés, qui marchait pieds nus, vêtue d'une mauvaise jupe, un enfant à la main et l'autre au sein, et j'avais soupçonné que ce pourrait bien être la femme de l'administrador, qui cependant, lui, avait du linge fin, un habillement convenable et une teinture de lettres et de science.

J'avais fait part de mes suppositions à mon mari, qui, comme tous les maris du monde, n'en avait fait cas, et m'avait raillée même *de cette manie qu'ont les femmes de voir des romans ou des drames partout.*

Or, avant de partir, je voulus en avoir le cœur net. Je demandai des bols de lait, et ce fut cette femme, accompagnée de deux enfants, qui vint nous les servir. Je résolus alors de satisfaire ma curiosité, et, pendant que mes enfants mangeaient et qu'on sellait nos chevaux, remarquant sur sa figure des traces de profonde souffrance :

— Vous paraissez triste, Madame, lui dis-je.

— Je suis bien malheureuse, senhora, répondit-elle.

— N'êtes-vous pas la femme de l'administrador ?

— Pour mon malheur.

— Comment ?

— Il me traite indignement. Ce sont ces mulâtresses, ajouta-t-elle, en m'en désignant une du doigt, qui sont les vrais *senhoras* de la fazenda; pour elles, mon mari m'accable d'outrages.

— Pourquoi le supportez-vous?

— Mon mari me force à recevoir ces créatures jusque dans mon lit; et c'est là, sous mes yeux, qu'il leur donne ses caresses.

— C'est horrible !

— Quand je m'y refuse, il me frappe et ses maîtresses m'insultent.

— Comment demeurez-vous avec lui? Quittez-le...

Elle me regarda avec un profond étonnement.

— Quitter mon mari ! fit-elle, et comment vivrais-je ?

MULATRESSE DE LA FAZENDA

— Vous travaillerez.

— Je ne sais pas gagner d'argent ; et mes enfants ?

— Le père sera forcé de les élever, mais vous ne pouvez les laisser plus longtemps avec un pareil spectacle sous les yeux. Une mère ne doit pas souffrir qu'on l'outrage devant ses enfants. Pour qu'ils vous respectent, faites-vous respecter.

La pauvre femme m'écoutait de toutes ses oreilles, en tâchant de comprendre et en ouvrant de grands yeux étonnés.

— C'est bon pour vous autres Françaises, dit-elle enfin, qui savez gagner votre pain ; mais nous, à qui on n'a rien appris, nous sommes obligées d'être comme les servantes de nos maris.

— Eh bien, faites donc ce que vous voudrez ; mais, quand vous aurez assez souffert et vous sentirez à bout de forces, souvenez-vous de la Française qui a passé une nuit à la fazenda, et venez la trouver, elle vous donnera les moyens de vivre de votre travail. Voici mon adresse.

Là dessus, je sautai en selle. La femme du feitor me remercia du regard, et m'accompagna jusqu'à la porte de la fazenda ; elle demeura là, fixe, à me regarder, tant qu'elle put m'apercevoir.

Je vis bien que je venais d'éclairer cette âme et de lui ouvrir de nouveaux horizons.

L'aube apparaissait et commençait à éclairer un peu le feuillage sombre des bois ; la nature s'éveillait tout enveloppée encore de la brume, et la rosée imprégnait la terre. Le senhor administrador vint nous faire ses adieux, en nous souhaitant un bon voyage. Je me retournai involontairement. Après ce que je savais, il me faisait horreur.

Quand nous arrivâmes à la limite de la fazenda, nous y trouvâmes les mulâtresses de la veille, au regard hautain et cynique, qui avaient désiré voir au grand jour la dame française et son mari.

Elles m'envoyèrent pour dernier adieu un coup d'œil plein de haine, en s'inclinant toutefois quand je passai ; et moi, j'y répondis, de mon côté, par un léger salut, où je mis tout le mépris et le dégoût qu'elles m'inspiraient.

Alors, prenant un petit galop, nous nous dirigeâmes vers la fazenda de Saõ José, où nous arrivions deux heures plus tard.

Trois mois après, on sonnait à ma porte. C'était la senhora Maria, la femme de l'administrador, qui venait, un de ses enfants sur les bras, me demander de remplir la promesse que je lui avais faite, et je la prenais chez moi comme femme de charge, pour surveiller les domestiques noirs et s'occuper du linge de la maison.

Dire qu'elle me paya, par la suite, de la plus profonde ingratitude, c'est n'apprendre rien à mes lecteurs. Qu'importe ! mon but avait été rempli, j'avais développé dans son âme le sentiment de la dignité humaine, et lui avais appris à travailler pour vivre ; je l'avais relevée moralement, et guérie physiquement. La senhora Maria n'a jamais pu m'oublier, j'en suis sûre.

FIN DE LA TROISIÈME PARTIE.

QUATRIÈME PARTIE

Notre consul et notre ministre à Rio-de-Janeiro. — Comment les Françaises y étaient considérées. — Un colis original. — Un correspondant consciencieux. — L'amour au Brésil. — Un pari perdu. — Les Brésiliennes. — La cour. — Les enterrements. — Les théâtres. — La littérature. — Tempête en mer. — Retour.

Il faut avouer que notre pays était singulièrement représenté au Brésil pendant les douze années que j'y demeurai.

Ayant rencontré plusieurs fois sur ma route, à mon arrivée, un grand homme sec, porteur d'une haute cravate blanche, d'où sa tête d'oiseau semblait émerger comme d'un cornet; qui s'en allait rasant les murs, toujours sordidement vêtu et chaussé de caoutchoucs, sous une chaleur tropicale, je demandai quel était ce pauvre honteux qui paraissait vouloir demander pardon à tous de l'audace de sa taille, la seule qu'il eût, du reste, et s'efforçait de la dissimuler en se courbant humblement devant chacun.

Il me fut répondu que c'était M. T..., notre consul à Rio, un très honnête homme, disait-on, dont les Français n'avaient qu'à se louer. A cette réponse, je m'en voulus de la mauvaise impression que m'avaient faite ses façons de sacristain, et résolus de modifier mon premier jugement sur notre consul.

Cependant, j'avais beau faire, je trouvais dans cet homme quelque chose de jésuite qui ne me revenait pas. J'eus plus tard l'occasion de juger cet *excellent* homme, qui ne soutenait en aucune façon les intérêts des honnêtes gens, et remplissait ses fonctions de consul d'une manière assez fantaisiste, comme on va le voir.

Une dame de mes amies, par exemple, demeurée veuve et sans ressources, s'était mise à donner des leçons de français et de dessin pour soutenir les deux fils que son mari lui laissait. La pauvre femme, levée dès l'aube, prenant à peine cinq heures de repos, arrivait ainsi, tant bien que mal, à joindre les deux bouts. Elle s'en alla un jour trouver M. T..., lui demandant de l'aider à se faire payer d'une somme de deux cents francs qu'une de ses élèves, femme du demi-monde, lui devait depuis longtemps et refusait de lui solder. Elle en était là de son récit, quand notre consul, l'interrompant tout à coup :

— Avez-vous des dettes, Madame ?

— Non, Monsieur, grâce à mon travail

incessant et à une économie extrême, je n'en ai pas, répondit-elle.

— Vous êtes donc bien plus heureuse que la personne dont vous me parlez, reprit le saint homme d'une voix doucereuse.

— Comment ! repartit mon amie, vous trouvez que je suis plus heureuse que cette dame, qui ne se prive de rien, tandis que je me prive de tout, et qui reste étendue nonchalamment tout le jour sur sa marquèsa (un canapé en jonc sur lequel dorment la plupart des Brésiliens, pendant les grandes chaleurs), tandis que je cours à la pluie et au soleil !

— Elle a des dettes, et vous n'en avez pas. La plus heureuse, c'est vous, assurément.

— Ainsi, c'est elle que vous plaignez, et

vous trouvez juste que mon travail ne me soit pas payé?

— Je ne le trouve pas juste, chère dame; seulement, je vous le dis, vous êtes la moins à plaindre, puisque vous n'avez pas de dettes.

Et voilà tout ce qu'elle en put jamais tirer : il ne lui répondit pas autre chose à tous ses arguments, et ce *brave* homme ne s'occupa en rien de son affaire.

Une autre fois, ce fut à mon tour de l'aller trouver pour quelque chose d'approchant.

Un carrossier avait, dans un marché conclu avec mon mari pour une voiture, fait acte de friponnerie et *mis dedans*, comme on dit, son acheteur. Mon mari réclamait, et voulait faire expertiser la livraison avant de payer le prix convenu. Quand j'entrai au consulat, M. T... se prosterna presque devant moi, ce qui fit que je crus devoir lui décliner au plus tôt mes noms et prénoms, pensant qu'il me prenait peut-être pour quelque impératrice déguisée.

Quand je lui eus exposé toute l'affaire :

— Que comptez-vous faire? me dit-il.

— Mais monsieur, je ne sais, puisque c'est justement ce que je viens vous demander.

— Eh bien, mon avis est d'assoupir l'affaire et de n'y pas donner suite.

— Cependant, vous voyez que nous avons été trompés !

— Sans doute.

— Et vous voulez que nous payions quand même ?

— Assurément. Vous êtes d'honnêtes gens, et vous avez votre conscience pour vous ; cela doit vous suffire.

— Pas tout à fait.

— D'ailleurs, cette somme n'est pas grand'chose pour vous.

— Je vous demande pardon, Monsieur.

— Allons, allons, vous n'en êtes pas là ! continua-t-il en souriant.

— Heureusement pour nous, lui répondis-je, car je vois que si nous ne comptions que sur votre appui dans ce pays, nous y pourrions mourir de faim.

Là-dessus, je pris congé de cet *excellent homme*, qui m'accompagna jusqu'à la porte en continuant à me saluer le plus bas qu'il lui fut possible.

Ce fut tout ce que j'en obtins.

Cette extrême condescendance pour les fripons avait conquis bien des sympathies à notre consul, comme vous devez le penser ; de même que son affectation à sortir par un soleil brûlant, avec des caoutchoucs, sous prétexte de donner tout aux pauvres, lui avait valu une réputation de sainteté. Mais, dans les occasions solennelles, aux *Te Deum*, pour tel ou tel anniversaire, quand notre marine descendait, musique en tête, et qu'on apercevait, au milieu de tous ces uniformes brillants, de toutes ces décorations, de nos drapeaux flottants, ce grand vieillard emmanché d'un long cou, qui se dissimulait derrière quelque colonne, n'osant regarder personne en face, et murmurant quelques paroles confuses, on ne pouvait s'empêcher de s'écrier : « C'est égal, les Français ont là un singulier représentant ! »

Quant à notre ministre, M. de St..., quoiqu'il différât de tous points avec son consul, il n'en représentait pas moins la France aussi étrangement que M. T... les intérêts de nos compatriotes.

Il était, lui, petit, gros, rond comme une boule ; aussi disait-on qu'à eux deux ils complétaient le bilboquet.

M. de St... frisait la quarantaine à notre arrivée au Brésil. Il avait dû être fort joli garçon, et passait pour un grand amateur de femmes. Marié depuis peu à une Brésilienne, il occupait au Cattete une jolie villa, où, chaque semaine, il donnait une petite soirée. Là, à l'exception de l'amiral, de quelques officiers de marine et d'une Française (autrefois du demi-monde), mariée à un riche négociant portugais, tout aussi taré qu'elle, on ne recevait que des Brésiliens, ce qui ne contribuait pas peu à discréditer la société française auprès des gens du pays. Mais qu'importait à notre ministre, qui n'avait plus guère de Français que le nom ?

On ne pouvait dire que M. de St... portât haut le drapeau de la France ; mais comme le gouvernement du Brésil n'avait pas la plus petite velléité de nous déclarer une guerre quelconque, il se trouvait que l'attitude de notre ministre n'avait heureusement aucune espèce d'importance.

Grâce, sans doute, à l'exclusion des Français du salon de leur ministre, nos compatriotes étaient très peu considérés à Rio-de-Janeiro à cette époque. Il faut dire que la colonie française se composait en grande partie d'ouvriers, de coiffeurs et de modistes, partis pauvres de leur pays pour aller tenter fortune en Amérique, et que tout ce monde ne brillait pas trop par les manières et l'éducation. Cependant, il y avait aussi à Rio un petit noyau de gens bien élevés, artistes, journalistes, commerçants, qui se fussent rencontrés avec plaisir chez le représentant de leur pays, et y auraient pu donner aux habitants de Rio une meilleure idée de la nation française que celle qu'ils en prenaient, dans la rue d'Ouvidor, chez leurs tailleurs ou chez les fleuristes.

Comme les Brésiliennes ne sortaient jamais seules dans les rues, à cette époque, on ne rencontrait, dans la ville, que des Françaises ou des Anglaises, qui, par ce seul fait de sortir seules, se voyaient exposées à beaucoup d'aventures : « C'est une *Madame* », disaient en souriant les Brésiliens, ce qui signifiait une Française et sous-entendait une *petite dame;* car l'exportation de nos *petites dames* à l'étranger n'est pas une des parties les moins importantes de notre commerce.

J'ai connu à Rio-de-Janeiro un négociant qui avait fait la commande d'un colis de ce genre à son correspondant de Paris. Il avait dit de quelle couleur il désirait les cheveux et les yeux de la dame, quel âge elle devait avoir et quels appointements elle toucherait, ajoutant même qu'au bout de dix ans de loyaux et féaux services, une pension lui serait assignée. Le correspondant se mit aussitôt en quête de la marchandise demandée. Mais, pourtant, le négociant de Rio attendait depuis plusieurs mois et ne voyait rien venir.

Tous renseignements pris, il se trouva que son fidèle correspondant, ne voulant rien lui envoyer qu'il ne pût garantir, avait puis la dame à l'essai pendant un ou deux mois, après quoi il l'expédia à destination, où elle fut reçue à bras ouverts, et parvint à gagner la pension promise. Ce qui prouve une fois de plus qu'en tous pays du monde la vertu est toujours récompensée !

Cette histoire est authentique, je l'affirme. Du reste, je n'écris ici que des choses *vraies*. Ce sont mes souvenirs que j'évoque un à un.

Donc, pour en revenir à ce que je disais, les Françaises, qu'elles fussent mariées ou non, ne pouvaient sortir sans se voir assaillies de compliments, d'œillades ou de billets doux, d'un genre aussi cavalier à peu près que ceci : « Madame, je vous » aime ; pouvez-vous me recevoir chez » vous ce soir?... » Pas plus de façon que cela! Ces messieurs pensaient qu'ils n'avaient qu'à se présenter, et que, parce que les Françaises riaient volontiers et causaient aussi bien avec les hommes qu'avec les femmes, leur conquête était des plus faciles. Heureusement, plus d'un reçut de nos compatriotes quelques bonnes leçons.

Des paris furent faits dans la ville au sujet d'une Française, et ce fut le docteur au squelette dont j'ai déjà parlé, qui, sceptique par excellence, *paria pour la défaite* de notre compatriote.

Aussitôt, un bel officier, très épris de la dame, commença la campagne et fit pleuvoir chez elle bouquets et billets doux par l'entremise des noirs qu'il achetait, tandis qu'un autre, non moins charmant cavalier, suivait notre Parisienne partout et passait des nuits sous ses fenêtres. Peines perdues ! la dame leur fermait impitoyablement portes et fenêtres sur le nez et leur renvoyait leurs poulets sans réponse. Eux, tout penauds, s'en revenaient chaque jour conter leur mésaventure au docteur, qui leur disait :

— Ne perdez pas courage, ce n'est qu'une affaire de temps !

Cependant, au bout de deux ans, voyant qu'ils en étaient pour leurs pas et leurs peines, ils sommèrent le docteur de payer enfin le pari qu'il avait perdu ; ce qui n'empêcha pas notre Brésilien de répéter qu'il ne croyait à la vertu d'aucune femme en général, et des Françaises en particulier.

Ce ne fut que beaucoup plus tard que notre compatriote apprit qu'elle avait été l'objet d'un pari, et se félicita doublement d'avoir remis des fats à leur place.

J'avoue que, quant à moi, rien ne m'a

jamais tant amusée que de voir ces Brésiliens, si sûrs de leur fait, bernés par nos Françaises, qui, vous le savez, en fait de raillerie et de coquetterie, peuvent en remontrer à toutes les nations de la terre.

A force de petites leçons de ce genre, les Américains du Sud ont enfin compris qu'il y a des femmes qui, pour s'en aller, seules, à pied, gagner leur vie à enseigner sous ce soleil de feu, n'en sont que plus honorables, et ils commencent à ne plus dire avec cet air de profond dédain : « C'est une *Madame !* » parce que plus d'une Madame leur a appris à vivre.

Quant aux Brésiliennes, parquées par leurs époux au fond de leur habitation, au milieu de leurs enfants et de leurs esclaves, ne sortant jamais qu'accompagnées pour aller à la messe ou aux processions, il ne faut pas croire qu'elles soient pour cela plus vertueuses que d'autres ! Seulement, elles ont l'art de le paraître.

Tout se fait mystérieusement dans ces demeures impénétrables, où le fouet a rendu l'esclave aussi muet que la tombe. Sous le manteau de la famille même, bien des choses sont cachées, tout cela *est*, du moins *était* (car depuis quelques années les Brésiliennes sortent seules); tout cela est le fruit de la séquestration imposée aux femmes. Du reste, les apparences sont si bien gardées, qu'il faut vivre des années dans le pays pour arriver à connaître le fond de ces intérieurs, de mœurs si patriarcales à première vue, où souvent trois générations vivent ensemble, sous le même toit, dans la plus parfaite union ; car, il faut le dire, sous ce rapport, les Brésiliens nous sont bien supérieurs. Ils ont trouvé le secret de réunir dans un même logis gendre, belle-mère, belle-fille, sans qu'il y ait jamais conflit. Cette haine féroce qu'on professe maintenant, en France, pour la belle-mère, est inconnue là-bas. On ne croit pas que, par ce seul fait de marier sa fille ou son fils, une mère, qui a été bonne et dévouée toute sa vie, puisse devenir un monstre d'un jour à l'autre. On a le plus grand respect pour le père et la mère.

Quand le Brésilien revient du dehors, il retrouve au logis une épouse soumise, qu'il traite en enfant gâtée, lui apportant robes, bijoux et parures de toutes sortes ; mais cette femme n'est associée par lui ni à ses affaires, ni à ses préoccupations, ni à ses pensées. C'est une poupée qu'il pare à l'occasion, et qui, en réalité, n'est que la première esclave de la maison, quoique le Brésilien de Rio-de-Janeiro ne soit jamais brutal et exerce son despotisme d'une façon presque douce. Tout cela, du reste, comme je l'ai déjà dit, est en train de changer tout à fait.

Les Brésiliennes d'aujourd'hui, élevées dans des pensions françaises ou anglaises, y ont pris peu à peu nos habitudes et notre manière de voir ; de sorte que, tout doucement, elles conquièrent leur liberté. Or, comme leur intelligence est très vive, je crois qu'en peu de temps elles auront dépassé leurs maîtres.

C'est dans l'intérieur du pays, dont les routes ne sont praticables qu'à dos de mulets, et rendent les communications avec la capitale fort difficiles, qu'on peut encore étudier toutes ces coutumes d'origine portugaise ou espagnole. Aussi, quand vous arrivez dans une fazenda, n'apercevez-vous jamais la senhora, tandis qu'elle a toujours le moyen de voir l'étranger sans qu'il s'en doute.

Les *mascatos* (colporteurs) ont seuls le privilége d'être introduits auprès de la maîtresse de la maison ; et c'est un des grands événements de la fazenda que l'arrivée du *mascato*. Il faut le voir ouvrir ses caisses et déployer, devant la *dōna du casa* (maîtresse de la maison) et ses esclaves, les pièces de *chita* (indienne), de *cassa* (mousseline), de *cambraia* (batiste), les *fitas* (les rubans) de toute couleur, les *joias* (bijoux) de toute façon. Mulâtresses et négresses demeurent là, les yeux ouverts tous grands et la bouche béante, désirant acheter tout avec une *pataca* (seize sous) pour toute fortune, et finissant toujours par faire l'acquisition d'un simple mouchoir.

Le mascato est choyé en secret par les négresses de la fazenda, qui ne sont pas cruelles pour lui, pour peu qu'il le veuille; mais il est assez maltraité par le maître de la maison, qui le connaît pour un voleur généralement, et a soin de faire garder l'argenterie quand il le voit apparaître. Cependant, on lui donne, comme à tous, l'hospitalité d'une nuit dans la *chambre de l'étranger*, chambre ouverte sur la varanda de l'habitation et ne communiquant pas autrement avec les appartements. Quand vous venez demander l'hospitalité, cette chambre s'ouvre toujours pour vous, et une négresse vient vous y apporter le bain que chaque Brésilien a coutume de prendre avant de se mettre au lit, ainsi que la feijõada ou le riz pour votre souper. Quand le voyageur est d'une certaine classe, le fazendeiro a même le soin de lui faire apporter son bain par la plus belle esclave de la maison.

Le Brésilien est très hospitalier. Sa table est ouverte à tous. J'en connais un qui a son bureau d'affaires à la ville, où il reçoit à dîner tous ceux qui veulent venir, ce qui fait que le cuisinier apprête tous les jours un repas pour vingt ou trente personnes. Dans nos pays, cela semble tout à fait princier. A Rio-de-Janeiro, cela ne se remarque même pas. Aussi la lésinerie de nos habitudes et de nos tables étonne-t-elle beaucoup les Américains du Sud, quand ils viennent en France.

Une des opinions le plus généralement accréditées sur la Brésilienne, c'est qu'elle est paresseuse et demeure oisive tout le jour. On se trompe.

La Brésilienne ne fait rien par elle-même, mais elle fait faire ; elle met son amour-propre à ne jamais être vue dans une occupation quelconque. Cependant, lorsqu'on est admis dans son intimité, on la trouve, le matin, les pieds nus dans des *tamaïcas*, un peignoir de mousseline pour tout vêtement, présidant à la confection des *doces* (confitures de toute espèce), de la *cocada* (gelée de coco), les arrangeant sur le *taboleiro* (grand plateau de bois) de ses négresses ou de ses nègres, qui s'en vont bientôt vendre de par la ville, qui, des *doces*, qui, des fruits, qui, des légumes de l'habitation.

Eux partis, les senhoras préparent de la couture pour les mulâtresses ; car presque tous les vêtements des enfants, du maître et de la maîtresse de la maison sont taillés et cousus au logis. On y fait aussi des serviettes et des mouchoirs au point de *crivo*, qu'on envoie vendre comme tout le reste ; il faut que chacun des esclaves, dits de *ganho*. rapporte à sa maîtresse une somme désignée, à la fin de sa journée, et beaucoup sont frappés quand ils rentrent sans elle. C'est là ce qui constitue l'argent de poche des Brésiliennes et leur permet de satisfaire leurs fantaisies.

11.

Elles reçoivent de France des gravures de modes, et s'efforcent de les copier; mais la plupart se font habiller chez de grandes couturières françaises, où la moindre robe de bal coûte *cinq à six cent mille r* (quinze à dix-huit cents francs).

Comme je le disais tout à l'heure, une Brésilienne rougirait d'être surprise dans une occupation quelconque, car elles professent le plus profond dédain pour tout ce qui travaille. L'orgueil de l'Américain du Sud est extrême. Tout le monde veut être maître; personne ne veut servir. On n'admet, au Brésil, d'autre profession que celle de médecin, d'avocat ou de négociant en gros.

Un Brésilien ou une Brésilienne ne doivent jamais avoir l'air étonné de quoi que ce soit. Quand j'arrivai de France avec des toilettes à la dernière mode, je remarquai que les femmes me regardaient en dessous, à la dérobée, pour étudier, sans en avoir l'air, la façon de mes robes, qu'aucune d'elles n'eût avoué voir pour la première fois. Si on leur en eût parlé, elles eussent toutes répondu, à coup sûr : « Il y a bien longtemps que nous » portons cela ici. »

On ne peut dire que les Brésiliennes soient belles, quoique, en général, elles aient de beaux yeux et de magnifiques cheveux. Il y en a certainement de fort jolies ; mais la plupart sont ou trop maigres ou trop grosses, et ce qui leur manque surtout, c'est le charme. Elles se mettent mal, généralement, ignorent les négligés élégants et ces mille petits riens qui font la Parisienne si séduisante. L'expression de leur figure est hautaine et dédaigneuse. Elles croient par là se donner l'air comme il faut, ignorant qu'au contraire les vraies grandes dames sont simples, affables, et de la politesse la plus exquise. Elles sont même volontiers assez insolentes, si on ne le prend pas de plus haut qu'elles. L'argent est la seule supériorité qu'elles reconnaissent ; aussi l'artiste le plus éminent est-il fort peu considéré à Rio, quand il n'a pas le sou. Il faut voir de quel air les gens du pays disent, en parlant de quelqu'un qui n'est pas riche : *Coitadinho d'elle!* Ce coitado ! est intraduisible. Il veut dire : Pauvre malheureux ! Mais c'est plein d'une compassion mêlée de mépris, que nous ne pouvons rendre en français.

Vous n'êtes considéré au Brésil que pour vos vêtements, pour le nombre de vos esclaves, etc. ; mais, du reste, vous pouvez être un peu fripon sans que cela choque le moins du monde. On dit généralement d'un homme qui a fait sa fortune par de petits moyens pas très honnêtes : *Soube arrangear se* (il a su s'arranger), ou bien : *Entende de negocios* (il s'entend aux affaires).

L'extrême probité est une monnaie qui a si peu cours dans le pays, qu'on est tout étonné de voir des gens en faire si grand cas, et que les Brésiliens sont assez disposés à regarder ceux qui la font passer avant tout, comme des dupes ou comme des fous.

Et cependant, ce peuple a fait ce que les Français n'eussent pu faire. Il a élevé l'enfant que Dom Pedro Ier, après la Constitution proclamée, lui confiait pour en faire son empereur un jour, et de cet enfant il a fait un honnête homme, un savant, un empereur libéral.

Dom Pedro II donne à ses sujets l'exemple du bien; et quand on pense dans quel milieu de corruption il a été élevé, on doit lui en tenir compte doublement. Le sérieux de ses goûts et de ses études n'est pas non plus chose ordinaire au Brésil, où chaque homme cache, sous une gravité apparente, la plus grande frivolité.

L'empereur du Brésil parle sept langues : le portugais, le latin, l'espagnol, l'italien, le français, l'anglais, l'allemand, et, en dernier lieu, il a appris l'hébreu. La science qu'il préfère à toutes est, à ce qu'on dit, l'astronomie ; aussi s'était-il réservé de l'enseigner lui-même à ses deux filles. Lorsqu'il est venu en France une première fois, on y a gardé de lui, comme savant, le meilleur souvenir ; et le second voyage qu'il a fait dans notre pays l'a fait connaître tout à fait. Aussi n'y avait-il que celui qui a aboli l'esclavage et doté son peuple de tous les progrès et de toutes les libertés qui pût se permettre de venir au milieu de nos jeunes étudiants républicains, tant sa conscience lui disait qu'il n'avait rien à craindre d'eux, car il est plus libéral que pas un. Au Théâtre-Français, on l'a vu applaudir avec enthousiasme toutes les tirades sur la patrie et la liberté que renferme *Jean d'Acier*.

Nouveau Pierre le Grand, l'empereur du Brésil a parcouru tous les pays, empruntant à chacun ce qu'il croyait devoir être utile à sa patrie. Aussi, le Brésil, depuis vingt ans, marche-t-il à pas de géant; il est sillonné, maintenant, de chemins de fer ; il a des écoles de toute sorte ; des peintres et des musiciens commencent à se révéler ; la presse est libre, la Constitution respectée, et les Brésiliens donnent l'exemple d'une liberté sans licence alliée à un profond amour pour leur empereur.

Ce qu'il y a d'étonnant, c'est que, dans

un pays si plein de morgue, où le moindre commerçant se regarde comme une puissance, l'empereur est assurément le plus accessible de tous ses sujets. Il n'est pas besoin de demander d'audience pour être admis à le voir; il reçoit tous les jeudis, à son palais de San Christovo (1), ceux qui désirent lui parler.

On l'attend dans une longue galerie, que l'empereur traverse à une heure dite. Là, chacun lui explique tour à tour le motif qui l'amène. Il saisit très rapidement ce qu'on lui expose, a une mémoire prodigieuse, et répond, très brièvement dans la langue de celui qui lui adresse la parole. Les plus pauvres gens sont reçus au palais.

Chacun doit baiser la main de l'empe-

---

(1) Voyez aux gravures.

reur en arrivant et en prenant congé ; car, quoi qu'on en ait dit, le baise-main existe encore au Brésil. C'est la seule étiquette établie. Pour ma part, j'ai souvent plaint Dom Pedro II d'avoir à abandonner sa main aristocratique à de sales gens, dont l'haleine seule aurait pu lui communiquer plus d'une mauvaise maladie ; car, ce qu'il y a de curieux, c'est que l'usage veut que, pour baiser la main de l'empereur, on doive se déganter et toucher de sa main nue la sienne.

Pour donner une idée de la facilité avec laquelle on pénètre dans le palais de l'empereur, voici une histoire authentique qui m'a été contée par une dame de la cour :

Un jour que les princesses étaient dans leur salle d'études avec la comtesse de Barral, leur gouvernante, et Mlle Templier, leur institutrice, un valet vint leur annoncer l'archiduc d'Autriche, plus tard l'infortuné empereur Maximilien. Le prince s'excuse d'arriver ainsi sans avoir sollicité préalablement la faveur d'être reçu par Leurs Altesses, et il raconte en souriant qu'en descendant de sa voiture il est entré au Palais sans qu'on l'interrogeât, sans qu'aucun garde apparût sur son passage. Il a monté droit devant lui, tout étonné, ne rencontrant personne ; puis, enfin, un laquais est apparu, auquel il a demandé l'empereur. Il lui a été répondu que celui-ci était en voyage pour deux jours avec l'impératrice, mais que les princesses étaient chez elles, et qu'on allait les prévenir.

— Par qui l'empereur est-il donc gardé ? continua l'archiduc.

— Par l'amour de son peuple, monseigneur, lui répondit la comtesse de Barral.

Certes, voilà qui fait honneur au peuple et au souverain !

J'ai eu l'honneur d'être admise deux fois à de petites soirées intimes, données par les princesses impériales, qui m'avaient fait prier d'*arranger*, ou plutôt de *déranger*, une pièce de Racine, les *Plaideurs*, pour qu'elles pussent la représenter ; et je dois dire que j'ai toujours vu la plus grande simplicité régner à la cour, où l'empereur et l'impératrice donnent, on peut le dire, l'exemple des plus grandes vertus. Je puis affirmer tout cela maintenant, sans être taxée de flatterie, puisque mes compatriotes ont pu juger l'empereur par eux-mêmes, et voir que je n'exagère rien.

La vie de l'impératrice se passe concentrée dans la famille et la charité; encore le couple impérial ne fait-il pas tout le bien qu'il voudrait, parce que la somme qui lui est allouée par les Chambres n'est pas énorme. Il se prive donc pour donner (1).

Une des personnes les plus distinguées de la cour est assurément la comtesse de Barral, Brésilienne élevée en France et mariée à un de nos plus grands noms français. C'est elle qui a dirigé l'éducation des deux princesses. Leur institutrice, Mlle Templier, a été aussi une Française recommandée à la cour du Brésil par la reine Amélie.

Grâce à leur gouvernante, grande dame par excellence, et à leur institutrice, per-

---

(1) On m'a assuré que les Chambres, ayant voulu augmenter le budget impérial, Dom Pedro II s'y refusa en disant qu'il n'avait pas besoin de plus. (Un tel désintéressement est chose rare chez un souverain.)

sonne tout à fait recommandable et fort instruite, les deux princesses ont eu la meilleure éducation, et sont devenues deux charmantes femmes.

L'une d'elles, mariée au duc de Saxe, est morte, malheureusement, il y a quelques années.

La princesse impériale, celle qui doit succéder à l'empereur, et qui a pour mari le comte d'Eu, existe seule. Tous les enfants mâles de l'empereur et de l'impératrice du Brésil sont morts en bas âge; mais la princesse impériale a mis au monde deux fils, qui font l'espoir du Brésil.

Pour en revenir aux Brésiliennes, quand elles perdent leurs maris, elles doivent rester huit jours enfermées dans une chambre, dont tous les volets sont fermés avec soin. C'est là que, plongées dans la plus profonde obscurité, elles reçoivent les visites de leurs parents et amis. Une fois veuves, les femmes ne quittent plus le deuil, si ce n'est lorsqu'elles se remarient ; seulement, au bout de quelques années, c'est plutôt un demi-deuil qu'elles portent ; ainsi, les veuves ne doivent jamais se vêtir que de noir, de violet ou de gros bleu, qu'on regarde comme une couleur de deuil dans le pays.

Pendant les premiers jours qui suivent la mort, il est d'habitude, à Rio-de-Janeiro, d'exposer le défunt, revêtu de ses plus beaux habits, au milieu de son salon, où chacun vient lui dire le dernier adieu.

L'enterrement d'un enfant n'évoque aucune idée lugubre. Convaincus que ce sont des anges qui s'en vont au ciel, les Brésiliens, après avoir exposé l'enfant, vêtu de blanc et couronné de roses, le déposent dans un petit cercueil rose ou rouge. Ce cercueil est placé en travers des deux portières d'une *seja* (espèce de coupé, mené à deux chevaux par un postillon) peinte en rouge ; et, de chaque côté de la voiture, quatre ou six hommes à cheval, avec des livrées rouges et de grands cierges allumés à la main, accompagnent le corps jusqu'au cimetière.

Il n'est pas dans les coutumes du pays que les parents suivent le corps. Sur tout le parcours du cortège, les Brésiliennes, de leurs fenêtres, jettent des roses au petit ange ; c'est très touchant.

Ce qui me parut assez singulier, à mon arrivée, ce fut d'entendre les soldats, au retour de l'enterrement d'un de leurs officiers ou camarades, jouer des contredanses et des polkas sur leurs instruments. Cette manière joviale de porter le corps en terre me semblait pleine d'originalité. J'en demandai la raison. On me répondit que c'était afin de ne pas attrister trop les soldats et pour leur remonter le moral.

Une chose lugubre, par exemple, c'est de voir le viatique traverser la ville. Le *padre*, portant le Christ, est suivi de deux enfants de chœur, dont l'un fait retentir une sonnette de minute en minute. A mesure que le Saint-Sacrement passe, tous les habitants se prosternent la face contre terre, et la plupart, surtout les petits noirs, le suivent avec des cierges et en chantant les psaumes de la délivrance.

Tout ce monde, en poussant des cris lugubres, accompagne le prêtre jusqu'à la porte du mourant, que la frayeur doit achever plus d'une fois, assurément.

On ignore, au Brésil, ce que c'est que la

galanterie. Quand les femmes sont jeunes, on le leur dit avec des exagérations d'éloges, et l'on ne craint pas de les appeler déesses, divinités... etc... Ne le sont-elles plus, on le leur dit de même. Or, pour les Brésiliens, toute femme qui a passé trente ans est une vieille femme, et ils ne craindront pas de lui dire alors : « *Està acabada!* » (Vous êtes finie). C'est on ne peut plus aimable, comme vous voyez !

A partir de ce moment, la femme ne compte plus. Aussi, les Brésiliennes, arrivées à cet âge, s'abandonnent-elles généralement. Elles retroussent leurs cheveux avec négligence, n'importe comment, ne vont plus guère dans le monde, et restent tout le jour dans des peignoirs flottants et sans corset.

Quand on parle de la mère ou du père de famille, les enfants et même les esclaves de la maison les désignent par les noms de *a velha*, *o velho* (la vieille, le vieux), et pourtant le respect pour le père est poussé au plus haut point. Les enfants lui baisent la main le matin et le soir, et n'oseraient l'embrasser ; ils ne tutoient jamais leurs parents. Tout cela forme un mélange assez curieux, qui étonne beaucoup les Européens.

Quoique le peuple brésilien soit très intelligent, il ignore encore (ou du moins l'ignorait il y a dix ans) ce que c'est que la conversation ; il lisait peu. Les questions philosophiques ne l'intéressaient guère à cette époque, et il ne soulevait jamais les questions religieuses. Il est catholique sans examen, va à la messe régulièrement, brûle des cierges à tous les saints du Paradis et croit à tous les miracles possibles et probables, ce qui n'empêche que son clergé soit assez dissolu et qu'on ne se gêne pas pour dire à Rio : « Ce mulâtre est le fils du padre S... »

Pêche-t-on dans la baie un poisson de grand prix, on sait aussi d'avance qu'il sera acheté par le couvent de Saõ Bento. Car les moines de ce couvent sont des Bénédictins renommés dans toute la ville pour leur gourmandise. Ils donnent, chaque année, une grande fête, où l'on prétend que, sous des habits d'homme, plus d'une femme, ce jour-là, est admise dans le couvent et y passe une partie de la nuit. Cela m'a été conté par un petit moine défroqué qui avait quitté Saõ Bento en escaladant les murs.

Tout cela se dit à voix basse, mais n'empêche pas cependant le respect du peuple pour les bons moines et, en général, pour tout ce qui porte la robe ou la soutane. Les *padres* et les *frades* font ce qu'ils veulent et exercent une grande influence dans le sein des familles.

La musique exceptée, les autres arts n'étaient encore appréciés d'aucune façon au Brésil pendant que nous y demeurâmes; aussi les sujets de conversation n'abondaient pas. Joignez à cela un climat énervant, une chaleur qui vous force à vous éventer et à vous éponger constamment, et vous comprendrez pourquoi on cause peu au Brésil.

Moi qui sortais du milieu artistique de Paris et qui avais été habituée à entendre débattre toutes les questions sociales, politiques, littéraires et artistiques dans le salon de mon père, je fus bien étonnée, à mon arrivée à Rio, de ce manque absolu de conversation. Ayant été faire une visite dans une famille brésilienne, *o dono da casa* (le maître de la maison) commença par nous demander naturellement : *Come esta ?* (comment vous portez-vous?). Après cette formule d'usage, nous attendions autre chose ; rien ne venant, il y eut un silence que le maître de la maison rompit en reprenant : *Entaõ a senhora passon bem ?* (alors, madame s'est bien portée ?) — Très bien, repris-je pour la seconde fois. Et j'essayai de parler du théâtre et de la cantatrice à la mode. Après deux réponses assez courtes, échangées à ce sujet, la conversation retomba de nouveau et fit place à un silence de quelques minutes, ce que voyant, notre hôte jugea à propos de la renouer par cette question, qu'il m'adressa pour la troisième fois : *Ora tem passado bem ?* (Donc, vous vous êtes bien portée ?). Pour cette fois, je n'y pus tenir, et le rire nous prenant, mon mari et moi, nous fûmes forcés de prendre congé.

Nous vîmes plus tard, en différentes

occasions, que ce : *Come passou ?* (comment vous portez-vous ?) est la manière usitée, dans le pays, pour renouer la conversation, qui, d'ordinaire, se traîne si languissamment, qu'on abrège les visites.

Le senhor fazendeiro dont j'ai déjà parlé, venait, lorsqu'il était en ville, nous voir trois ou quatre fois par semaine. Il entrait d'un air grave, nous demandait des nouvelles de notre santé, s'asseyait en face de moi et ne soufflait plus mot. Comme j'avais été marraine d'un de ses enfants, je tâchais naturellement de faire des frais de conversation dans les premiers temps ; mais j'en demeurai tellement fatiguée, que je trouvai plus drôle, à la fin, de ne rien dire du tout. Il entrait donc, s'asseyait, restait là une heure, et quelquefois deux, sans mot dire, puis se levait tout à coup et partait comme une bombe.

Si l'on ne parle pas, on danse, en revanche, à force au Brésil, ce qui est surprenant, avec cette chaleur excessive.

L'usage veut que le cavalier, après la contredanse ou la valse, prenne le bras de sa danseuse, la promène un peu dans le salon et la mène au buffet; après quoi il la salue et va à une autre. Pour des gens jaloux, cet usage est assez extraordinaire, car c'est là qu'on hasarde les déclarations d'habitude; et une autre coutume non moins extraordinaire, c'est que le cavalier boive dans le verre de sa danseuse.

La correspondance secrète des amants se fait assez souvent par la voie du *Journal de Commercio* (maintenant on en a une idée par la correspondance du *Figaro*). Là, deux pages au moins sont consacrées à des phrases dans le genre de celles-ci : « Je t'ai attendue hier et tu n'es pas venue ! Celui qui se meurt d'amour pour toi implore une réponse à sa lettre. » — « O vierge ! j'ai lu le ciel dans tes yeux ! » — « Ne passez plus sous mes fenêtres ; on vous guette... etc... » C'est quelquefois très amusant de suivre cette correspondance. On y voit souvent tout un drame se dérouler ; puis il y a des méprises : on a pris une lettre pour l'autre, et l'action se complique.

Pour ce qui est de l'armée, j'ignore le mode de recrutement qu'on emploie pour la former ; mais, pendant mon séjour au Brésil, elle n'était guère composée que de mulâtres et de nègres, ce qui me semblait bien étrange, car c'était aux fils des esclaves qu'était confié le soin de garder le pays qui avait asservi leurs pères. Les officiers seuls étaient blancs. Tout fils de fidalgo est *cadete* de droit, c'est-à-dire officier.

Depuis la guerre que le Brésil vient de soutenir avec un grand courage, et qui a été couronnée de succès, on m'a assuré qu'il y a beaucoup plus de blancs parmi les soldats, et que la loi du recrutement a été revue. Au moment de la guerre, tout Brésilien qui donnait cinq ou six de ses esclaves comme soldats était anobli et les esclaves libres (libres d'être soldats et de se faire tuer).

Rien n'est plus drôle qu'un nègre vêtu en soldat ; il rappelle ces singes habillés en général, que nos joueurs d'orgue conduisent par les rues, et auxquels ils font faire l'exercice.

En fait de théâtre, à Rio-de-Janeiro, il n'y a guère que le Théâtre-Lyrique, où l'on représente les opéras italiens, qui soit suivi par la haute société. La salle en est fort belle. Toutes les loges sont très découvertes, ce qui permet d'y voir la toilette d'une femme de la tête aux pieds. On ne va là qu'en robe décolletée et à manches courtes, et, une fois par an, l'empereur et l'impératrice assistent au spectacle en grand costume de gala : c'est le jour de l'ouverture des Chambres. L'empereur, tout chamarré d'or, avec le manteau impérial, et l'impératrice avec le diadème, le manteau d'hermine et tous les diamants de la couronne.

L'autre théâtre, appelé Saõ Pedro, où se représentent les drames et les comédies françaises, traduites en portugais, n'attire pas la haute société. Il a déjà été brûlé deux fois. Le premier tragique du pays, *Joaõ Caetano dos Santos*, qui avait réellement un grand talent, en avait pris la direction et avait joint le ballet à la comédie. Depuis qu'il est mort, ce théâtre est tout à fait tombé.

Il n'y a encore eu, je crois, qu'une ou deux œuvres brésiliennes représentées, ce qui prouve que, quoi qu'on en dise dans divers ouvrages sur le Brésil, les peuples de l'Amérique du Sud sont encore très arriérés sous le rapport artistique. Ils ont quelques poètes, cependant, dont les meilleurs sont, à mon avis, **Gonzalves Dias** et **Magalhaës**. C'est la grâce, surtout, qui domine dans le caractère de leur poésie. J'en donne quelques-unes comme échantillon à la fin du volume. Beaucoup de mots, beaucoup d'images, une certaine harmonie, mais peu de pensées et de fond. Du reste voici ce que dit, sur leur littérature, un de leurs compatriotes : « La première phase
» d'une littérature quelconque est le lyrisme ; et dût l'orgueil précoce de notre
» jeunesse en souffrir, la littérature brésilienne se trouve encore dans les limbes,
» dans son enfance à peine, dans la phase
» du lyrisme, enfin. »

« *A primeira phase de uma litteratura*
» *qualquer è o lyrismo, e mal que pese*
» *ao orgulho precoce da nossa mocidade,*
» *a litteratura brazileira acha se ainda nos*
» *primeiros limbos, acha se na sua infância,*
» *à penas, na phase do lyrismo, enfine.*

» Dr Caetano Filgueiras. »

C'est très bien juger la question. Un de leurs meilleurs romans est celui qui a pour titre *le Guarany*, par Alaincar, et dont je me propose d'offrir une traduction, un de ces jours, au public parisien. C'est une peinture fidèle de la vie de l'Indien, qui est, en même temps, poétique et vraie. J'ai traduit aussi du brésilien une petite nouvelle appelée *Cinco minutos*, qui ne manque pas d'originalité ; elle est due aussi à la plume d'Alaincar, dont le talent est incontestable.

La langue brésilienne, avec tous ses

diminutifs en *zinha, zinhos,* a une grâce toute créole, et je ne l'entends jamais parler sans lui trouver un grand charme ; c'est le portugais avec son accent nasal modifié. La langue-mère s'est abâtardie, évidemment. « C'est une espèce de patois », disent les Portugais. N'importe ! toutes ses mignardises lui vont bien et donnent à la langue brésilienne un je ne sais quoi qui séduit plus l'oreille que la pure langue de Camoëns.

L'Eldorado, café chantant qui s'est ouvert à Rio-de-Janeiro, il y a quinze ans à peu près, a mis en vogue là-bas nos opérettes populaires, et les étoiles de ce théâtre en reviennent chargées de diamants. C'est à l'Eldorado que la jeunesse brésilienne va prendre une leçon de français chaque soir. Jugez !

Quand on veut faire le voyage du

Brésil, la meilleure saison pour l'accomplir est en mai ou en juin, parce qu'alors vous arrivez dans l'hiver et avez plus de chance de vous acclimater et d'éviter la fièvre jaune, qui, du reste, n'est plus aussi meurtrière, et dont on peut se préserver avec des précautions. De plus, les traversées sont excellentes à cette époque de l'année.

Lorsque je retournai au Brésil pour la seconde fois, après un séjour d'un an dans mon pays, je ne voulus pas prendre la mer avant le mois de mai ; aussi le voyage fut-il une vraie promenade.

Je m'étais embarquée sur un magnifique clipper, appelé le *Paulista*, capitaine Caliarge.

Un jour que j'étais sur la dunette, un superbe terre-neuve, au long poil noir et brillant, à l'œil intelligent et doux, s'approcha de moi et vint lécher les mains de mon enfant, assis sur mes genoux ; je le caressai, et demandai à qui il appartenait.

— Il est à moi, dit le capitaine, et j'y suis tellement attaché, qu'à mon dernier voyage, comme il avait pris fantaisie à Pollux (c'est son nom) de s'élancer tout à coup à la mer pour prendre un bain, au moment où nous avions une brise superbe et filions vingt-cinq nœuds à l'heure, au risque de briser mâts et gouvernail, je commandai au pilote de mettre immédiatement la barre au vent pour permettre au chien de nous rejoindre ; et je puis vous assurer qu'il n'y eut pas un murmure dans l'équipage pour cette manœuvre, qui n'avait en vue, pourtant, que l'existence d'un animal.

— Il est donc bien aimé des matelots ?

— Ce n'est que juste ; jugez-en. « Ils lui
» doivent la vie d'un des leurs. Il y a
» trois ans, nous étions à l'entrée de la
» Manche, toujours si mauvaise ; le vent
» soufflait de l'ouest, une tempête s'annon-
» çait. Je commandai à mes hommes de
» carguer les voiles, et l'un d'eux, en exé-
» cutant cette manœuvre, tomba à l'eau. A
» ce cri de : « Un homme à la mer ! » je me
» hâtai, malgré le temps de chien que
» nous avions, d'arrêter la marche du
» clipper, et les matelots s'empressèrent de
» jeter de tous côtés des bouées de sauve-
» tage à leur malheureux camarade.

» Poilux, au cri poussé par l'équipage,
» s'était élancé aussitôt dans les flots, à la
» recherche du marin, qui, ne sachant pas
» nager (car c'est incroyable ce qu'il y
» en a qui sont dans ce cas !), ne reparais-
» sait pas. Le brave chien plongeait et
» replongeait. Bientôt nous le vîmes repa-

» raître, soutenant l'homme par sa cra-
» vate; mais, au moment où il apparaissait
» à fleur d'eau, la cravate se déchira, et
» le malheureux disparut une autre fois.
» L'embarras du pauvre terre-neuve est
» extrême; il essaie en vain de saisir par les
» cheveux le matelot, dont la tête, presque
» rasée, n'offre aucune prise... Nous étions
» là tous, haletants, à suivre les péripéties
» de ce sauvetage. Enfin, nous voyons
» Pollux tenant l'homme par sa chemise,
» et luttant ainsi quelques moments contre
» les vagues ; puis, s'apercevant que le
» matelot, exténué, est presque sans con-
» naissance, l'intelligent animal se glisse
» alors sous lui, le soulève, et nage ainsi en
» lui maintenant la tête hors de l'eau, ce qui
» permet au pauvre diable de reprendre
» connaissance. De temps à autre, Pollux
» reparaît aussi pour respirer à son tour,
» puis se hâte de regagner son poste sous
» l'homme, qu'il amène, enfin, tout près

» du navire, où de nouvelles cordes lui
» ayant été jetées, le pauvre marin put être
» amené à bord, grâce à mon brave chien,
» qui, lui, eut bien de la peine à remonter,
» et tomba sur le pont, épuisé de fatigue.

» Alors, ne sachant comment reconnaî-
» tre le dévouement et le courage de Pollux,
» l'équipage décréta, séance tenante, et à
» l'unanimité, qu'un tel animal devait être
» traité comme un homme ; que, désormais,
» sa ration serait prélevée sur celle des ma-
» telots, et qu'il aurait sa place réservée au
» milieu d'eux à l'heure des repas. Si vous
» voulez vous rendre, à midi, à l'arrière du
» navire, Madame, vous pourrez vous
» assurer de la véracité de mon récit. »

Je ne me le fis pas dire deux fois, et, à l'heure du dîner des matelots, j'assistai à une scène curieuse.

Tout l'équipage était rangé en cercle, et

chacun, sa cuillère à la main, attendait son tour pour plonger dans l'immense écuelle, contre laquelle une plus petite avait été placée ; celle-ci appartenait à Pollux, qui, au premier coup de cloche, accourut prendre sa place accoutumée au milieu de ses amis, dont il apprenait chaque jour quelque tour nouveau. Le brave chien se mit alors à manger sa soupe avec toute la dignité que comportait sa nouvelle position sociale, remuant seulement la queue en signe de joie, chaque fois qu'un des marins prononçait son nom.

Voici l'histoire très vraie du chien du *Paulista*.

Donc, pour en revenir aux voyages de l'Amérique du Sud, on ne doit guère les entreprendre en septembre ou en mars.

J'eus l'imprudence de m'embarquer une

fois dans ce dernier mois ; et, outre le froid que j'endurai, qui faillit me rendre malade, nous essuyâmes une si forte tempête, que je crus bien ne revoir jamais la France.

Il était une heure du matin ; tout dormait à bord, excepté les officiers de quart, lorsque, tout à coup, nous fûmes éveillés par un fracas épouvantable ; il nous sembla que le navire se brisait, et l'eau remplit nos cabines. J'entendis crier de tous côtés : « Nous coulons, capitaine ! Au secours ! » Je pris mon enfant dans mes bras, et demeurai avec lui dans le cadre le plus haut, attendant avec anxiété ce qui allait advenir.

Ce fut, pendant une demi-heure, un bruit infernal sur le pont ; on pompait, on prenait des ris, on mettait des voiles pour boucher la chambre, dont le dessus avait été emporté ; on montait, on descendait ; les commandements se succédaient, et le

navire, secoué par la tempête, rejetait nos pauvres corps contre les parois des cabines, tantôt à droite, tantôt à gauche, sans nous donner un moment de trève. Enfin le bruit sembla s'apaiser un peu sur le pont, et le capitaine entra dans ma cabine, en disant : « Ah çà ! est-ce qu'on est mort ici ? » Je lui demandai ce qui était arrivé. Il me répondit que nous étions à l'entrée de la Manche, qu'une tempête horrible s'était élevée tout à coup, et qu'une énorme lame, ayant pris le navire en dessous, était retombée sur le pont, emportant avec elle le dessus de la chambre, balayant cages à poules, bancs, etc., tout ce qui était sur la dunette, enfin, et brisant même un mât. « Il y a peu d'eau dans la cale, heureuse-
» ment, ajouta-t-il, mais il ne nous fau-
» drait pas une seconde lame pareille à
» celle-ci. »

Je me levai avec beaucoup de peine, car

le tangage était effrayant, et fus me réfugier avec mon fils dans une des cabines que l'eau n'avait pas atteintes ; puis je voulus monter sur le pont pour contempler le spectacle de la mer en fureur.

Je ne pus me risquer qu'aux dernières marches de l'escalier de la chambre, en me cramponnant fortement à la rampe, et alors ce que je vis ne s'effacera jamais de ma mémoire.

D'immenses vagues, semblables à de hautes montagnes, entouraient notre navire de toutes parts, et le soulevaient à leur sommet pour le laisser retomber bientôt dans l'abîme. On ne pouvait concevoir qu'il pût se frayer un passage au milieu de ces montagnes d'eau écumante, qui menaçaient de l'engloutir à chaque moment. Je redescendis bien vite tout épouvantée, et la plupart des hommes qui étaient à bord firent comme moi. A peine avaient-ils essayé de contempler ce spectacle, qu'on les voyait revenir pâles et muets.

On ne pouvait plus faire de cuisine. Deux fois, la soupe fut renversée sur le pont avec le mousse qui l'apportait ; on dut se contenter de conserves et de choses froides.

Cette affreuse tempête dura trois jours, pendant lesquels on ne respira pas ; on ne fut capable de rien : on attendit.

A la fin du second jour, nous prîmes le pilote, qui eut beaucoup de peine à embarquer, et nous dit en arrivant : « Vous êtes
» bien heureux d'en être quittes à si bon
» marché ! Toute la Manche est semée de
» débris de navires ! »

Enfin, le vent tomba, et nous pûmes

entrer au Havre, où, après avoir mis pied à terre, je me jurai bien que jamais mois de mars ne me reverrait en mer.

Avec quel bonheur je revis la France, après dix ans passés en Amérique ! Je me souviens de ma joie à la vue d'un bouquet de lilas : « Du lilas ! disais-je avec des larmes dans les yeux ; du lilas ! il y a si longtemps que je n'en ai vu ! » La maîtresse de l'hôtel, qui m'avait entendue, m'en fit porter un bouquet dans ma chambre.

Pourtant, bien des étonnements et bien des désillusions m'attendaient au retour. Mon pays, qui était resté si beau dans mon souvenir, me sembla stérile, triste, gris, auprès de celui que je venais de quitter. Lorsque j'aperçus par la fenêtre du wagon nos campagnes découpées en petits carrés e toute couleur, cela me fit l'effet de tapis de foyer cousus les uns aux autres. Nos parcs me rappelèrent les bergeries qu'on donne aux enfants pour le jour de l'an. Loin de m'extasier (comme j'aurais dû peut-être le faire) sur la culture de cette terre, dont le moindre coin est ensemencé et rapporte, cela me choqua et me parut d'une mesquinerie inouïe. Ce pays, où pas un pouce de terrain n'était perdu, où rien ne se donnait, où la plus petite parcelle de terre s'achetait, me serrait le cœur malgré moi. Je me rappelais ces lieues entières parcourues au Brésil, dont la nature seule se chargeait de faire les frais, où le malheureux pouvait cueillir à son gré la banane, l'orange et le palmito, sans être inquiété par qui que ce fût, boire l'eau fraîche de la source sans qu'on la lui marchandât, dormir dans la forêt sans qu'un gendarme vînt l'arrêter !

Sous notre mesquine civilisation, j'avais

bien de la peine à retrouver la nature, de même que j'ai bien des fois cherché le ciel, que les hautes maisons de nos villes dérobent à nos regards.

Que de fois j'ai regretté ces immenses horizons qui agrandissent l'âme et la pensée ; mes bains de mer au clair de lune sur la plage phosphorescente ; mes courses à cheval dans la montagne; cette baie splendide, sur laquelle donnaient les fenêtres de mon habitation, et où, la nuit, des barques de pêcheurs passaient en agitant leurs torches sur les flots !

Habituée à occuper seule une grande maison, où je pouvais donner l'hospitalité à huit personnes sans me gêner, j'ai eu bien de la peine à me refaire à notre vie parisienne, si étroite, si luxueuse en apparence, et si gênée dans le fond, où chaque morceau se compte à nos tables, où l'on regarde à changer de linge tous les jours, où l'air même vous est mesuré. « C'est pourtant » dans les pays riches, me disait-on, que » tout cela se produit. » Je le veux bien, mais je préfère alors ceux qu'on appelle pauvres, où la vie est large, où l'air et le soleil ne vous sont pas comptés, où l'on ne coupe pas un fruit en quatre, où l'on se baigne tous les jours, et où, pour presque rien, on peut acheter, non pas un coin de terre, mais des lieues de pays.

Une seule chose me consolait, à mon retour, de la mesquinerie de la vie matérielle : « Me voilà revenue dans le pays de la pensée et du progrès, me disais-je. »

Hélas ! je trouvai tout bien changé. Les Parisiens ne causaient plus ; ils fumaient et parlaient une espèce d'argot impossible. Je me rejetai sur les théâtres : les opérettes étaient seules à la mode. Plus cela était bête, plus mes compatriotes riaient. Il fallait toujours qu'à un moment donné de la pièce, cinq ou six personnages se missent, au milieu de l'action, à danser un cancan frénétique, et le public se pâmait d'aise.

Où s'en était allé l'esprit gaulois? où s'en était allée la langue du dix-huitième siècle? où s'en étaient allées la galanterie et la fine causerie de nos pères? Je me le demandais.

Etait-ce donc moi qui voyais faux, ou les gens de mon pays? Voilà la question que je me posais souvent avec inquiétude.

Quoi qu'il en soit, j'acquis la conviction que, lorsqu'on a vécu dans ces pays baignés de soleil, on ne peut plus vivre autre part, et que, lorsque l'âme s'est fortement trempée à l'aspect des grandes œuvres de

Dieu, elle ne peut plus comprendre la vie factice de nos villes.

C'est ce qui fait que j'ai, depuis, toujours *saudade* (1), comme disent les Brésiliens, de l'Amérique du Sud, et que je voudrais la revoir encore une fois avant de mourir.

---

(1) Souvenir mêle de regrets, mot charmant, intraduisible.

APPENDICE

CANÇÃO DO EXILIO

—

Minha terra tem palmeiras
Onde canta a Sabiá.
As aves que aqui gorgeiaõ
Naõ gorgeiaõ como lá.

Nosso Ceo tem mais estrellas,
Nossos varzems tem mais flores,
Nossos bosques tem mais vida,
Nossa vida mais amores.

Em scismar sosinho, a noite,
Mais prazer enconhó en là.
Minha terra tem palmeiras
Onde canta o Sabiá.

APPENDICE

CHANT DE L'EXIL

Mon pays a des ombrages
Où chante le Sabia.
Les oiseaux de vos parages
Ne chantent pas comme là.

Notre ciel a plus d'étoiles,
Nos campagnes plus de fleurs,
Nos bois vivants plus de voiles,
Plus d'amour aussi nos cœurs.

A rêver seul, sur tes plages,
Quel plaisir j'ai goûté !..!
Tes palmiers ont des ombrages
Où chante le Sabia.

Minha terra tem primores,
Que taes não encontro en cà
Em scismar sosinõo a noite
Mais prazer encontro en lá.
Minha terra tem palmeiras
Onde canta o Sabia.

Não permitte Deos que eu morra
Sem que eu volta para là
Sem que desfructe os primores
Que não encontro por cà,
Sem qu'inda avista as palmeiras
Onde canta o Sabia.

Seul, la nuit, sur ton rivage,
Terre du magnolia !
Aux doux parfums de ta plage,
Quels doux rêves j'ai faits là !
Mon pays a des ombrages
Où chante le Sabia.

Ne permets pas que je meure,
O Dieu, sans revenir là,
Revoir, à ma dernière heure,
La fleur du maracaja,
Et mes palmiers que je pleure,
Où chante le Sabia (1).

---

(1) Cette poésie brésilienne, de Gonçalves Dias, qui a été mise en musique par M. Amat, accompagnée par la guitare, a une grâce extrême et le parfum du pays. Il m'a été donné de la faire entendre quelquefois chez moi, grâce à l'amabilité du compositeur, et c'est toujours elle qui a eu le succès de la soirée.

O ESCRAVO

Por Luiz Fagundes Varella

Dorme! bemdito o Archange tenebroso
    Cujo dedo immortal
Gravou te sobre a testa bronzeada
    O sigillo fatal!
Dorme! se a terra devorou se denta
    De teu rosto o suor
Mãi compassiva agora te agasalha
    Com zelo e com amor.

Ninguem te disse o adeus da despedida
    Ninguem por ti chorou
Embora! a humanidade em teu sudario
    Os olhos euxugou!
A verdade luzio por um momento
    De teus irmãos à grei
Se vivo, loste escravo, es morto livre
    Pela suprema lei!

L'ESCLAVE

Poésie de Fagundes Varella. (On l'appelle le Musset brésilien

---

Dors ! Béni soit l'Archange des ténèbres,
Dont le doigt immortel
A gravé sur ta tête bronzée
Le sceau fatal !
Dors ! Si la terre altérée
A bu la sueur de ton front,
Mère compatissante, à présent elle t'enveloppe
Avec soin et amour.

Personne ne t'a dit l'adieu suprême,
Personne n'a pleuré sur toi.
Qu'importe ! l'humanité à ton suaire
S'est essuyé les yeux.
La vérité a lui pour un moment
Sur le sort de tes frères.
Si, vivant, tu fus esclave, tu es mort libre
De par la loi suprême.

Tu suspiraste como o hebreu captivo
    Saudoso de Jordaõ
Pesado achaste o ferro da revolta
    Naõ o quizeste, naõ!

Lançaste te sobre a terra inconsciente
    De teu proprio poder
Contra o direito, contra a natureza
    Preferiste morrer!

Do augusto condemnado as leis saõ santas
    Saõ leis porem de amor
Por amor de ti mesmo e dos mais homens
    Precisa era o valor.
Naõ o tiveste! os ferros e os açoites
    Mattaraõ te a razaõ
Dobrado captivero! a teus algozes
    Dobrada punicaõ.

Porsque nos teus momente de supplicio
    De agonia e de dōr.
Naõ chamaste das terras africanas
    O vento assolador?

Tu soupirais comme l'Hébreu captif
 Regrettant le Jourdain ;
Mais tu ne voulus pas t'armer pour la révolte,
 Tu ne voulus pas, non !
Tu passas sur la terre, inconscient
 De ton propre pouvoir.
Contre ton droit et malgré la nature,
 Tu préféras mourir.

Du divin condamné pourtant les lois sont saintes,
 Et ces lois sont toutes d'amour.
Pour l'amour de toi-même et pour l'amour des
 Il te fallait prendre courage.   [autres,
Tu n'en eus pas ! La prison et le fouet
 Ont tué ta raison.
Double captivité ! Pour tes bourreaux aussi,
 Châtiment double.

Pourquoi, dans tes moments de supplice,
 De douleur, d'agonie,
N'appelais-tu pas, de l'Afrique,
 Le vent dévastateur ?

Elle traria a força e a persistencia
    A tu' alma sem fé.
Nos rugidos dos tigres de Benguella
    Dos leões de Guiné!

Elle traria o fogo dos desertos
    O sol dos arcoes
A voz de teus irmaõs viril et forte
    O brado de teus pois!
Elle te sopraria ás molles fibras
    A raiva de suão.
Quando agitando as crinas inflammadas
    Fustiga a solidaõ.

Entaõ ergueras resoluto a fronte
    E grande em teu valor
Mostrāras que em ten seio inda vibrava
    A voz do Creator.
Mostrāras que das sombras do martyrio
    Tambem rebenta a luz
Oh! teus grilhões serião tão sublimes
    Tão santos como a cruz!

Il aurait apporté force et persévérance
A ton âme sans foi,
Dans les rugissements des tigres du Bengale
Et des lions de Guinée !

Il t'aurait apporté le feu de tes déserts
Et le soleil ardent des sables,
Et la voix de tes frères, forte et virile,
Et le cri de tes pères.
Il aurait soufflé sur tes fibres amollies
La rage du Simoun,
Lorsque, agitant ses crinières enflammées,
Il fustige le désert.

Alors, tu aurais relevé la tête fièrement,
Et, grand dans ton courage,
Tu aurais prouvé que dans ton âme
Vibrait encore la voix du Créateur,
Et que, des ombres du martyre,
Peut aussi jaillir la lumière.
Oh ! tes chaînes, alors, eussent pu être belles,
Et sainte aussi ta croix !

Mas morreste sem luctas, sem protestos,
    Sem um grito sequer
Como a ovelha no alter, coma a criança
    No ventre da mulher.
Morreste sem mostrar que tinhas n'alma
    Uma chispa do Cèo
Como se um crime sobre ti pesasse
    Como se fóra rèo!

Sem defeza sem preces sem lamentos.
    Sem cyrios, sem caxaõ
Pessaste da senzala ao cemiterio
    Do lixo a podridaõ!
Tua essencia immortal onde é que estava?
    Onde as leis do Senhor?
Digaõ no o tronco, o latego, as algemas
    E as ordeno de feitor!

Eras o mesmo ser, a mesma essencia
    Que ten barbaro algoz
Foraõ sens dias de rosada seda
    Os teus, de atro retroz.

Sans protestations, sans lutte, tu mourus
Sans même un cri,
Comme la brebis sur l'autel,
Comme l'enfant dans le sein maternel.
Tu mourus sans montrer que tu portais dans l'âme
Une étincelle encore du ciel,
Comme si quelque crime, enfin, pesait sur toi,
Et que tu te sentisses coupable.

Sans défense, sans prières, sans lamentations,
Sans cierges, sans même une bière,
Tu as passé de la senzala au cimetière,
De la boue à la pourriture.
Où donc était ton essence immortelle
Et la loi du Seigneur ?
En prison, sous le fouet, ou sous de lourdes chaînes,
Aux ordres du feitor.

Tu étais cependant un être de la même essence
Que ton barbare bourreau.
Pourquoi ses jours furent-ils tissés de soie rose
Et les tiens tissés de noir ?

Patria, familia, ideas, esperanças,
    Crenças, religião,
Tudo matom te, em flor no intimo d'alma
    O dedo da oppressão.

Tudo, tudo abateu sem dō nem pena
    Tudo, tudo meu Deos!
E teu olhar à lama condemnado
    Esquecen se dos Cèos!
Dorme! bemdito o Archanjo tenebroso
    Cuja cifra immortal
Sellando te no sepulcro, abrio te os olhos
    A' luz universal!

Et Patrie et famille, espérances, pensée,
  Saintes croyances, religion,
Tout mourut en sa fleur, dans le fond de ton âme,
  Sous le joug de l'oppression.

Tout, elle abattit tout, sans remords et sans peine,
  Tout, hélas! tout, mon Dieu!
Et ton œil, condamné pour jamais à la boue,
  Fut oublieux du ciel.
Dors! Béni soit l'Archange des ténèbres
  Dont la main immortelle,
En te scellant dans le sépulcre, ouvrit tes yeux
  A la lumière éternelle.

TABLE

LA VIE DE BORD Pages.

Première partie : Le clipper *la Normandie*. — Adieux à la France. — Première nuit à bord. — Les passagers et les passagères. — Le pot au noir. — Arrivée au Brésil. — La baie de Rio-de-Janeiro. — Les négresses *minas*. — Le marché. 1

RIO-DE-JANEIRO

Deuxième partie : La rue Direita. — Les Bahianas. — La rue do Ouvidor. — Le Corcovado. — La rue do Rosario. — La fièvre jaune. — Mon premier mot de portugais. — Supplices infligés aux noirs. — Les processions. — Une lugubre histoire......................... 43

LA FAZENDA

Troisième partie : Départ pour la Piedade. — Le page. — La boiada. — Le feitor Ventura. — La prière des noirs. — La distribution des rations. — Le batuco. — Le feiticeiro. — Les serpents. — Les mulâtresses de la fazenda. — La femme de l'administrador............ 87

TEMPÊTE ET RETOUR

Quatrième partie : Notre consul et notre ministre à Rio-de-Janeiro. — Comment les Françaises y étaient considérées. — Un colis original. — Un correspondant consciencieux. — L'amour au Brésil. — Un pari perdu. — Les Brésiliennes. — La cour. — Les enterrements. — Les théâtres. — La littérature. — Tempête en mer. — Retour. 153

APPENDICE
Poésies brésiliennes

Chant de l'exil, de Gonzalve Diaz......... 220
L'Esclave, de Fagundes Varella.......... 224

www.ingramcontent.com/pod-product-compliance
Lightning Source LLC
Chambersburg PA
CBHW050335170426
43200CB00009BA/1603